GRAMMATICHE FACILI

Easy Italian Grammar

The friendly grammar book for students of Italian

A cura di Katherine M. Clifton

AVALLARDI

Antonio Vallardi Editore s.u.r.l.
Via Gherardini 10 - 20145 Milano

Copyright © 2002 Antonio Vallardi Editore

Ristampe: 13 12 11 10 9 8   7   6   5   4
            2012   2011   2010   2009   2008

ISBN 978-88-8211-644-6

CONTENTS

Noun-pronoun groups

Verb groups

Adverb groups and conjuctions

Sentences

Appendices

1. NOUNS AND QUALITATIVE ADJECTIVES

1. THE NOUN • *IL NOME*

What is it?

■ A noun is a word that indicates **people**, **animals**, **things**:

> *mamma, signore, uomo*
> mother, mister, man

> *cavallo, cane, piccione*
> horse, dog, pigeon

> *tavolo, strada, pioggia, montagna*
> table, road, rain, mountain

■ Nouns can also indicate an **idea** or a **concept**, a **sensation**, an **action**:

> *libertà, possibilità, obbligo*
> freedom, possibility, duty

> *paura, freddo, incertezza*
> fear, cold, uncertainty

> *caduta, arrivo*
> fall, arrival

■ Some nouns indicate a quantity that cannot be counted (*nomi massa*). They are usually nouns that refer to substances or materials:

> *oro, argento, carbone*
> gold, silver, coal

> *latte, pane, acqua*
> milk, bread, water

denaro
money

■ A noun may indicate a precise individual or element: in this case
we call it a **proper noun** (*nome proprio*) and we write it with a
capital letter. There are proper nouns that refer to people, animals,
places, products and many more:

Gianni, Michela, David
Gianni, Michela, David

Toby, Dumbo
Toby, Dumbo

Torino, Londra, New York
Turin, London, New York

Italia, Nuova Zelanda, Congo
Italy, New Zealand, Congo

Po, Tamigi
Po, Thames

Cervino, Oceano Pacifico
Cervino, Pacific Ocean

Coca Cola, Ferrari
Coca Cola, Ferrari

What form does it take?

Gender

In Italian words are divided into two groups: nouns of **masculine
gender** (*genere maschile*) and nouns of **feminine gender**
(*genere femminile*). It is often possible to recognise the gender
of a noun by the last vowel.

■ Generally nouns that end in *-o* or in a **consonant** are of **masculine gender**:

il poliziotto, il portafoglio
the policeman, the wallet

lo sport, *il bar*
(the) sport, the bar

■ Generally nouns that end in **-a** are of **feminine gender**:

la casa, *la bicicletta*
the house, the bicycle

■ Generally nouns that end in **-e** or in **-i** may be **masculine** or **feminine**:

il pane, *il brindisi* [masculine gender nouns]
the bread, the toast

la carne, *la analisi* [feminine gender nouns]
the meat, (the) analyses

■ Nouns that end in **-ore** are of **masculine gender**:

il motore, *il rumore*
the engine, the noise

■ Nouns that end in **-zione**, **-tudine**, **-tù** are of **feminine gender**:

la stazione, *la solitudine*, *la gioventù*
the station, (the) solitude, (the) youth

■ Sometimes the gender of **nouns indicating people** or **animals** corresponds to the sex of the person or the animal:

il ragazzo, *l'uomo*, *il toro*, *il gallo* [masculine gender nouns for males]
the boy, the man, the bull, the cockerel

la ragazza, *la donna*, *la mucca*, *la gallina* [feminine gender nouns for females]
the girl, the woman, the cow, the hen

■ The gender of some animal nouns is **invariable** and does not correspond to the sex:

il pesce, *il serpente* [masculine gender nouns that can refer to male or female animals]
the fish, the snake

la tigre, *la* scimmia [feminine gender nouns that can refer to male or female animals]
the tiger/tigress, the monkey

■ A number of nouns that indicate persons or animals can form the **feminine gender** by changing the final part of the **masculine noun**:

il ragazz*o*, *il* figlio, *il* gatt*o* → *la* ragazz*a*, *la* figli*a*, *la* gatt*a*
the boy, the son, the tomcat → the girl, the daughter, the she-cat

*l'*eroe → *l'*ero*ina*
the hero → the heroine

lo studente, *il* professore → *la* student*essa*, *la* professor*essa*
the student, the professor [male] → the student, the professor [female]

lo scrittore, *il* pittore → *la* scrit*trice*, *la* pit*trice*
the writer, the painter [male] → the writer, the painter [female]

■ Some nouns that indicate persons and end in *-e* or in *-a* can be of either **masculine gender** or **feminine gender** and can therefore refer to either males or females:

il nipote → *la* nipote
the nephew → the niece

il cantante → *la* cantante
the singer

il corista, *il* regista → *la* corista, *la* regista
the chorister, the (film) director

il maratoneta → *la* maratoneta
the marathon runner

Note! If you are not sure of the gender look up the noun in the dictionary.

Singular and plural

Nouns can be used in the **singular**, when they indicate only one element, or in the **plural** when they indicate more than one element. This is how the plural is usually formed for the various types of noun:

SINGULAR → PLURAL

■ **-a → -e** (feminine gender nouns)

la donna → le donne
the woman → the women

la guerra → le guerre
the war → the wars

■ **-a → -i** (masculine gender nouns)

il pilota → i piloti
the pilot → the pilots

il diagramma → i diagrammi
the diagram → the diagrams

■ **-o → -i**

il marito → i mariti
the husband → the husbands

il tavolo → i tavoli
the table → the tables

■ **-e → -i**

la fonte → le fonti
the source → the sources

il serpente → i serpenti
the snake → the snakes

■ **-i → no change**

il brindisi → i brindisi
the toast → the toasts

la dialisi → le dialisi
(the) dialysis → (the) dialyses

■ **-consonant → no change**

lo sport → gli sport
(the) sport → (the) sports

■ **accented vowel → no change**

la città → le città
the city → the cities

■ Some nouns have **complicated spelling changes**:

SINGULAR → PLURAL

■ *-co, -go → -chi, -ghi* (if preceded by a consonant)

banco → banchi
desk → desks (at school)

albergo → alberghi
hotel → hotels

■ *-co, -go → -ci, -gi* (if preceded by a vowel)

medico → medici
doctor → doctors

psicologo → psicologi
psychologist → psychologists

■ *-ca, -ga → -che, -ghe*

banca → banche
bank → banks

riga → righe
line → lines

■ *-cio, -gio → -ci, -gi*

bacio → baci
kiss → kisses

raggio → raggi
ray → rays

■ *-cia, -gia → -cie, -gie* (if preceded by a vowel)

farmacia → farmacie
pharmacy → pharmacies

camicia → *camicie* [the *i* avoids confusion with the *camice* or white coat worn by doctors]
shirt → shirts

valigia → *valigie* [nowadays it is also spelt *valige* because there can be no confusion with other words]
suitcase → suitcases

■ **-cia**, **-gia** → **-ce**, **-ge** (if preceded by a consonant)

arancia → *arance*
orange → oranges

■ In Italian there are certain points that must be remembered:

■ the noun **bambini** can mean both a group of small boys and a group of boys and girls;

■ certain nouns are **masculine in the singular** and **feminine in the plural**; some of them also have a masculine plural, but the meaning may be different:

l'uovo → *le uova*
the egg → the eggs

il dito → *le dita*
the finger → the fingers

l'orecchio → *le orecchie*
the ear → the ears

il ginocchio → *le ginocchia*
the knee → the knees

il braccio → *le braccia* [of a person]; *i bracci* [of an object]
the arm → the arms; the arms

il labbro → *le labbra* [of a person]; *i labbri* [of a wound]
the lip → the lips; the edges

il muro → *le mura* [of a city]; *i muri* [of a house]
the wall → the walls; the walls

il lenzuolo → *le lenzuola* [a pair]; *i lenzuoli* [an unspecified number]
the sheet → the sheets; the sheets

il filo → *le fila* [of a conversation, of reasoning]; *i fili* [di un tessuto]
the thread → the threads; the threads

■ the nouns *auto* (car), *foto* (photo), *moto* (motorbike) are feminine and remain unchanged in the plural:

> *la moto* → *le moto*
> the motorbike → the motorbikes

■ some nouns are **more frequently used in the plural**:

> *le forbici*, *i pantaloni*, *le nozze*
> the scissors, the trousers, the wedding

■ the noun *uomo* (man) and some other nouns have an irregular plural:

> *l'uomo* → *gli uomini*
> the man → the men

■ the **uncountable nouns** (*nomi massa*) cannot usually be used in the plural. If they are used in the plural they have a slightly **different meaning** to the singular:

> *Ho portato del vino* [an undefined quantity of wine]
> I have brought some wine

> *I vini di questa cantina sono poco pregiati* [the various types of wine]
> The wines from this vineyard are not very fine

> *Abbiamo finito il pane* [bread in general]
> We have finished the bread

> *Compriamo sei pani* ['pieces', for example loaves or bread buns]
> We buy six (loaves of) bread

■ There are **compound nouns** (*nomi composti*) made up of more than one word which are written as one. Compound nouns can be formed of:

■ **noun + adjective**; these compounds form the **plural** on **both parts** of the word:

> *la cassaforte* → *le casseforti* [*cassa* = chest, trunk; *forte* = strong]
> the safe → the safes

■ **noun** + **noun**; these compounds usually take the gender of the first noun and form the **plural** only on the **second noun** if both parts of the word have the **same gender**, only on the **first noun** if they are of **different genders**:

> *l'arcobaleno* → *gli arcobaleni*
> [masculine noun + masculine noun]
> the rainbow → the rainbows

> *il capostazione* → *i capistazione*
> [masculine noun + femine noun]
> the station master → the station masters

Note! Many compounds of *capo* + **noun** only take the plural on the second noun because they are now considered single words:

> *capoluogo* → *capoluoghi*
> the county town → the county towns

■ **verb** + **noun**; these compounds are usually of **masculine gender** and **do not change** in the **plural** if the **noun** is **feminine**, if the **noun** is **masculine** they **change** in the **plural**:

> *l'aspirapolvere* → *gli aspirapolvere* [verb *aspirare* = to suck + feminine gender noun *polvere* = dust]
> the vacuum cleaner → the vacuum cleaners

> *il passaporto* → *i passaporti* [verb *passare* = to pass + masculine gender noun *porto* = port]
> the passport → the passports

Nouns with suffixes

In Italian it is possible to add a suffix to a noun in order to change the meaning slightly. In English it would be necessary to add an adjective. There are different kinds of suffix:

augmentative (*-one*):

> *un lavorone* [difficult, lengthy, tiring]
> a major task or job

> *un gattone*
> a very big cat

■ **diminutive** (*-etto*, *-ello*, *-uccio*, *-ino*, *-olino*, etc.):

> *un lavoretto* [unimportant, simple]
> a minor task
>
> *un lavoruccio* [minor, but meticulously performed]
> a minor task
>
> *un gattino*
> a small cat or a kitten

■ **pejorative** (*-accio*, *-ucolo*, *-astro*, etc.):

> *un lavoraccio*
> a tiring, unpleasant task

Where does it go?

■ Nouns are usually preceded by a definite or indefinite **article**, a **demonstrative adjective**, an **indefinite**, a **number** or a **possessive adjective**, (→ 2; 3.2) and may be accompanied by **qualitative adjectives**. The article and the adjectives that refer to a noun must have the **same gender** and the **same number** as the noun:

> *le bambine simpatiche*
> the nice little girls
>
> *una bambina simpatica*
> a nice little girl
>
> *questo bambino simpatico*
> this nice little boy
>
> *alcuni bambini simpatici*
> some nice little boys (or children)
>
> *tre bambini simpatici*
> three nice little boys (or children)
>
> *i miei bambini*
> my children

■ Only some types of **proper noun** are accompanied by the **article**, which is always a **definite** article (→ 2.1):

Paolo, Teresa; Toby, Dumbo [these are nouns of people or animals, there is no article]
Paolo, Teresa; Toby, Dumbo

Torino, New York [these are nouns of cities, there is no article]
Turin, New York

la Francia, *il Monte Bianco*, *il Tevere* [other geographical nouns, with the definite article]
France, Mont Blanc, the (River) Tiber

■ Uncountable nouns are usually accompanied by the **definite article** or by the **partitive** (→ 2.2):

il latte, *il pane*, *l'acqua*; *del latte*, *del pane*, *dell'acqua*
the milk, the bread, the water; some milk, some bread, some water

il denaro; *del denaro*
the money; some money

Note! Uncountable nouns can only take the indefinite article when they are accompanied by an adjective or another element:

un'acqua minerale
a (kind of) mineral water

un pane che si mangia volentieri
a very appetising (type of) bread

When is it used?

■ A noun is used **to refer to one or more elements** of the same kind, or to refer to elements **within the entire group**:

*Ho visto un **cane***
I saw a dog

*Ho visto il **cane** di Paolo*
I saw Paolo's dog

*Ho visto molti **cani***
I saw a lot of dogs

*Mi piacciono i **cani*** [dogs in general]
I like dogs

■ Nouns can be used to **describe** other nouns. In this case they are written without the article and follow the noun they refer to:

> *auto **pirata**, progetto **pilota*** [idiomatic phrases]
> a hit and run car, a pilot project

2. QUALITATIVE ADJECTIVES • *AGGETTIVI QUALIFICATIVI*

What are they?

Qualitative adjectives describe a noun and say that it has a **quality** or a characteristic:

> *un bambino **prepotente***
> an overbearing boy
>
> *una maestra **noiosa***
> a boring teacher
>
> *dei fiori **profumati***
> some scented flowers

What form do they take?

In Italian the qualitative adjectives have different forms for the masculine, the feminine, the singular and the plural and are used in the **same gender and number as the noun** they refer to. They fall into two groups:

GROUP ONE

SINGULAR → PLURAL

■ ***-o*** (masculine) → ***-i***

> ***lo*** *zio italiano* → ***gli*** *zii italiani*
> the Italian uncle → the Italian uncles
>
> ***il*** *nipote italiano* → ***i*** *nipoti italiani*
> the Italian nephew → the Italian nephews

-a (feminine) → **-e**

la zia italiana → le zie italiane
the Italian aunt → the Italian aunts

la nipote italiana → le nipoti italiane
the Italian niece → the Italian nieces

Note! In Italian adjectives of nationality do not require a capital letter.

GROUP TWO

SINGULAR → PLURAL

-e (masculine, feminine) → **-i**

lo zio francese → gli zii francesi
the French uncle → the French uncles

la zia francese → le zie francesi
the French aunt → the French aunts

Note! To find out whether a plural adjective belongs to group one or group two use the dictionary.

Some adjectives **change** their **spelling** in the **plural** form:

SINGULAR → PLURAL

-co, **-go** (masculine) → **-chi**, **-ghi**

un uomo stanco → degli uomini stanchi
a tired man → some tired men

un desiderio vago → dei desideri vaghi
a faint wish → some faint wishes

-ca, **-ga** (feminine) → **-che**, **-ghe**

una donna stanca → delle donne stanche
a tired woman → some tired women

una speranza vaga → delle speranze vaghe
a faint hope → some faint hopes

Note! *-che* is pronounced like the English '**che**mistry' and *-ghe* is pronounced like the English '**gai**n'.

■ Many **colour nouns** are **invariable** (*blu* blue, *viola* purple, *rosa* pink, *ocra* ochre, etc.):

> *una sciarpa **blu** → delle sciarpe **blu***
> a blue scarf → some blue scarves
>
> *un fiore **viola** → dei fiori **viola***
> a purple flower → some purple flowers

■ Adjectives can be accompanied by **adverbs of degree** that indicate the intensity of the quality:

> ***molto** bello*
> (very) beautiful
>
> ***troppo** simpatica*
> extremely likeable
>
> ***poco** intelligenti*
> not very intelligent
>
> ***abbastanza** interessanti*
> fairly interesting

■ In Italian adjectives can also be altered by suffixes (*-ino*, *-iccio*, *-ognolo*, *-uccio*, *-astro*):

> *stanch**ino***
> slightly tired
>
> *moll**iccio***
> soggy, flaccid
>
> *gial**lastro***
> a slightly dirty yellow

Comparatives and superlatives

■ Adjectives can be used **to compare** two people or things. In this case the adjectives are called **comparatives** and are preceded by the words *più* (more) or *meno* (less) and followed by the preposition *di* (than); or they are preceded by *tanto* and followed by *quanto* (as ... as):

*Mario è **più vecchio di** Gianni*
Mario is older than Gianni

*Gianni è **meno vecchio di** Mario*
Gianni is younger than (not as old as) Mario

*Alfredo è **tanto vecchio quanto** Gianni*
Alfredo is as old as Gianni

The 'as ... as' comparative structure can also be expressed using only ***quanto*** or ***come***:

*Alfredo è **vecchio quanto** Gianni/Alfredo è **vecchio come** Gianni*
Alfredo is as old as Gianni

If two qualities of the same element are compared, the comparative adjectives are always preceded by ***più*** (more), ***meno*** (less), ***tanto*** (as) but they are followed by ***che*** or ***quanto*** (than):

*Mario è **più intelligente che** simpatico*
Mario is more intelligent than likeable

*Gianni è **meno intelligente che** simpatico*
Gianni is less intelligent than likeable

*Alfredo è **tanto intelligente quanto** simpatico*
Alfredo is as intelligent as he is likeable

To express the **absolute degree** it is possible to add the suffix **-issimo**, to form the **absolute superlative**:

*simpatico → simpatic**issimo***
likeable → extremely likeable

*Gianni non è solo simpatico, è **simpaticissimo***
Gianni is not just likeable, he is extremely likeable

Note! All the adjectives of the two groups form the absolute superlative by taking the form of group one:

bello [group one] → *un bambino bell**issimo**, dei bambini bell**issimi**, una bambina bell**issima**, delle bambine bell**issime***
beautiful → a beautiful little boy, some beautiful little boys, a beautiful little girl, some beautiful little girls

felice [group two] → *un bambino felicissimo*, *dei bambini felicissimi*, *una bambina felicissima*, *delle bambine felicissime*
happy → a very happy little boy, some very happy little boys, a very happy little girl, some very happy little girls

■ The **relative superlative** is used to make comparisons within a group of elements. The adjective is preceded by the **definite article** and by the adverbs *più* (most) or *meno* (least), and is followed by the prepositions *di* (of) or *tra/fra* (between, amongst, of):

> *Gianni è **il meno spiritoso dei** miei compagni*
> Gianni is the least amusing of my friends

> *Letizia è **la più bella tra/fra** le sue compagne*
> Letizia is the most beautiful of her group

■ Some adjectives are already **comparatives** or **relative superlatives** and are therefore not used with the adverbs *più*, *meno*, *tanto*:

■ *maggiore* = bigger, biggest; older, oldest; greater, greatest; higher, highest:

> *I danni sono **maggiori** del previsto*
> The damage is greater than expected

> *Gianni è il fratello **maggiore***
> Gianni is the oldest brother

■ *minore* = smaller, smallest; younger, youngest; lesser, least; lower, lowest:

> *A un prezzo **minore** lo comprerei*
> I would buy it at a lower price

> *Mario è il fratello **minore***
> Mario is the youngest brother

■ *migliore* = better, best:

> *Non potevi scegliere un medico **migliore** di lui*
> You couldn't have chosen a better doctor

> *La pasta è il piatto **migliore** del menu*
> Pasta is the best dish on the menu

■ **peggiore** = worse, worst:

> *Ho avuto giorni **peggiori** di questo*
> I have had worse days than this
>
> *Gli spinaci sono la verdura **peggiore** del menu*
> Spinach is the worst vegetable on the menu

■ **superiore** = higher, highest; upper, uppermost; top:

> *I suoi voti sono **superiori** ai tuoi*
> His marks are higher than yours
>
> *Sul ripiano **superiore** ci sono le stoviglie*
> The dishes are on the top (upper) shelf

■ **inferiore** = lower, lowest; bottom:

> *I tuoi voti sono **inferiori** ai suoi*
> Your marks are lower than his
>
> *Sul ripiano **inferiore** ci sono le tovaglie*
> The tablecloths are on the bottom (lower) shelf

■ **anteriore** = before, earlier (than), prior to; front:

> *Gli avvenimenti **anteriori** alla prima guerra mondiale*
> Events prior to the first world war
>
> *Gli adulti siedono sui sedili **anteriori***
> The adults sit in the front seats

■ **posteriore** = after, later (than); rear, back:

> *Hanno proposto una data **posteriore***
> They suggested a later date
>
> *I bambini siedono sui sedili **posteriori***
> The children sit in the back seats

■ The regular forms of comparatives and relative superlatives are also used in spoken Italian:

> *Marco è **più grande** di suo fratello* [or *maggiore*]
> Marco is older than his brother

*Le tovaglie sono sul ripiano **più alto*** [or *superiore*]
The tablecloths are on the highest (upper/top) shelf

■ Some adjectives are irregular forms of the **absolute superlative** (and cannot therefore be used with the adverbs *più, meno*):

massimo	=	*grandissimo* the very best/greatest/huge
minimo	=	*piccolissimo* tiniest/slightest/minimum
ottimo	=	*buonissimo* excellent
pessimo	=	*cattivissimo* awful, terrible
supremo	=	*altissimo* superb
infimo	=	*bassissimo* appalling

*Si sveglia al **minimo** rumore*
He wakes up at the slightest noise

*Complimenti! Hai un'**ottima** memoria!*
Congratulations! You have an excellent memory!

*Non ne voglio più: questo cibo è **pessimo**!*
I don't want any more: this food is awful!

■ The regular forms of the absolute superlative are more common in spoken Italian:

*Ha avuto un **grandissimo** successo*
It was a huge success

*Il cibo era **cattivissimo***
The food was terrible

Where do they go?

■ The qualitative adjective can go **immediately after the noun** it refers to. This position is compulsory for the adjectives that derive from nouns or verbs:

*un ragazzo **italiano*** [from *Italia*]
an Italian boy

*un maestro **distratto*** [from the verb *distrarre*]
an absent-minded teacher

- The other qualitative adjectives can be placed **before the noun** that they refer to, especially if the noun is specified:

    *Gianni è uno **studente serio***
    Gianni is an earnest student

    *Gianni è un **serio studente** di medicina*
    Gianni is an earnest medical student

- Some qualitative adjectives (***grande*** big, ***bello*** handsome, ***buono*** good) change their original meaning if they are placed before the noun:

    *Ha scritto un **grande romanzo*** [not a novel with a lot of pages, but an enjoyable, gripping novel]
    He has written a great novel

    *Questo è un **bel problema*** [not a handsome problem, but a serious problem, difficult to solve]
    This is a major problem

    *È arrivato con un **buon anticipo***
    He arrived very early

- The qualitative adjectives can be placed **immediately after verbs** such as *essere* (to be), *diventare* (to become), *sembrare* (to seem), *considerare* (to consider), etc.:

    *Mario è **simpatico***
    Mario is likeable

    *Gianna diventa sempre **più bella***
    Gianna is becoming more beautiful

    *Il gioco sembra **facile**, ma non lo è*
    The game seems easy, but it isn't

    *Sandro considera **stupido** suo fratello*
    Sandro considers his brother stupid

Where are they used?

- The qualitative adjective is used to describe a **noun** or a **verb** used as a noun (→ 5.2 The infinitive mood):

    *In questa classe ci sono molti bambini **intelligenti***
    There are a lot of intelligent children in this class

*La maestra giudica **intelligente** Rocco*
The teacher thinks Rocco is intelligent

*Marco sembra **cattivo**, ma in realtà è **buono***
Marco seems naughty, but really he is good

*Ballare è **divertente***
Dancing is fun

*Pilotare un aereo è **difficile***
Piloting a plane is difficult

■ Unlike English, the qualitative adjective positioned **after the noun** may describe and **differentiate the group of elements** to which the noun refers. The adjective placed before the noun cannot do this:

*Le **assi vecchie** sono state sostituite* [some planks were old and they were the only ones replaced]
The old planks were replaced

*Le **vecchie assi** sono state sostituite* [all the planks were old and they were replaced]
(Only) The old planks were replaced

■ A qualitative adjective preceded by the definite article has the **same function as a noun** and can indicate the quality expressed by the adjective itself:

*Il **bello** di questa casa è che è molto luminosa*
The beauty of this house is that it is full of light

2. DEFINITE AND INDEFINITE ARTICLES, DETERMINERS, NUMERALS

1. THE DEFINITE ARTICLE • *L'ARTICOLO DETERMINATIVO*

What is it?

The definite article **determines** and emphasises a **noun**.

What form does it take?

■ **Masculine singular**

■ *il* + a noun that begins with a consonant, except for *gn*, *ps*, *s* + a consonant, *x*, *y* or *z*:

> *il bambino, il cestino, il chiosco, il crollo, il dente, il drago, il fiore, il flauto, il frigorifero, il gatto, il gioco, il grano, il letto, il mese, il naso, il pacco, il prato, il quadro, il ramo, il sarto, il tavolo, il treno, il vino, il weekend*

> the boy, the basket, the kiosk, the collapse, the tooth, the dragon, the flower, the flute, the refrigerator, the cat, the game, the grain, the bed, the month, the nose, the parcel, the field, the picture, the branch, the tailor, the table, the train, the wine, the weekend

■ *lo* + a noun that begins with *gn*, *ps*, *s* + a consonant, *x*, *y* or *z*; *lo* becomes *l'* before nouns that begin with a vowel or with *h*:

> *l'albero, l'elefante, lo gnomo, l'hotel, l'indiano, l'orologio, lo psicologo, lo scontrino, lo spago, lo stato, lo sviluppo, l'uomo, lo xilofono, lo yacht, lo zoccolo*

> the tree, the elephant, the gnome, the hotel, the Indian, the clock, the psychologist, the receipt, the string, the state, the development, the man, the xylophone, the yacht, the clog

■ Feminine singular

■ *la* (*l'*+ a noun that begins with a vowel or with *h*):

> *l'anatra*, *la bambina*, *la casa*, *la cipolla*, *la donna*, *l'erba*, *la foglia*,
> *la gatta*, *la giacca*, *l'hawaiana*, *l'insalata*, *la lavatrice*, *la moglie*,
> *la nonna*, *l'onda*, *la porta*, *la quantità*, *la riga*, *la sciarpa*, *la strada*,
> *la tigre*, *l'uva*, *la vita*, *la zia*

> the duck, the girl, the house, the onion, the woman, the grass, the
> leaf, the cat, the jacket, the Hawaiian girl, the salad, the washing
> machine, the wife, the grandmother, the wave, the door, the quantity,
> the line, the scarf, the street, the tigress, the grapes, the life, the aunt

■ Masculine plural

■ *i* + a noun that begins with a consonant, except for *gn*, *ps*, *s* + a consonant, *x*, *y* or *z*:

> *i bambini*, *i cestini*, *i chioschi*, *i denti*, *i draghi*, *i fiori*, *i flauti*,
> *i frigoriferi*, *i gatti*, *i giochi*, *i letti*, *i mesi*, *i nasi*, *i pacchi*, *i prati*,
> *i quadri*, *i rami*, *i sarti*, *i tavoli*, *i treni*, *i vini*, *i weekend*

> the children, the baskets, the kiosks, the teeth, the dragons,
> the flowers, the flutes, the refrigerators, the cats, the games, the beds,
> the months, the noses, the parcels, the fields, the pictures,
> the branches, the tailors, the tables, the trains, the wines, the weekends

■ *gli* + a noun that begins with a vowel or with *h*, or with *gn*, *ps*, *s* + a consonant, *x*, *y* or *z*:

> *gli alberi*, *gli elefanti*, *gli indiani*, *gli orologi*, *gli uomini*, *gli hotel*,
> *gli gnomi*, *gli psicologi*, *gli scontrini*, *gli spaghi*, *gli stati*, *gli xilofoni*,
> *gli yacht*, *gli zoccoli*

> the trees, the elephants, the Indians, the clocks, the men, the hotels,
> the gnomes, the psychologists, the receipts, the strings, the states,
> the xylophones, the yachts, the clogs

■ Feminine plural

■ *le*:

> *le anatre*, *le bambine*, *le case*, *le cipolle*, *le donne*, *le elezioni*,
> *le foglie*, *le gatte*, *le giacche*, *le hawaiane*, *le insalate*, *le lavatrici*,
> *le madri*, *le nonne*, *le onde*, *le porte*, *le quantità*, *le righe*, *le scarpe*,
> *le sciarpe*, *le strade*, *le tigri*, *le unghie*, *le vite*, *le zie*

the ducks, the girls, the houses, the onions, the women, the elections,
the leaves, the cats, the jackets, the Hawaiian girls, the salads,
the washing machines, the mothers, the grandmothers, the waves,
the doors, the quantities, the lines, the shoes, the scarves, the streets,
the tigers, the nails, the lives, the aunts

SUMMARY

il → i:
il cane → i cani
the dog → the dogs

lo/l' → gli:
lo stato → gli stati
the state → the states

la/l' → le:
la maglia → le maglie
the jumper → the jumpers

Where does it go?

The definite article goes **before the noun** and **has the same
gender** (masculine or feminine) **and number** (singular or plural)
as the noun itself. It is possible to insert adjectives between the
article and the noun (→ 1.2; 2.5; 3.2):

il cane, il bel cane, il tuo cane, i due cani
the dog, the beautiful dog, your dog, the two dogs

When is it used?

The definite article **indicates** a noun that represents a known
group or **element**:

Il cane è un animale [all the dogs, dogs in general]
The dog is an animal

Chiama il cane! [a dog in particular, a dog we know]
Call the dog!

■ The definite article **is not generally used** before **proper nouns** such as names of people or cities:

> *Conosco Maria*
> I know Maria
>
> *Vado a Roma*
> I am going to Rome

■ The definite article **is used** before the **possessive adjective**, but it is **optional** before a **possessive pronoun** (→ 3.2):

> *Il tuo libro è sul tavolo*; *Dammi i tuoi documenti*; *Le sue maglie sono in camera da letto*
> Your book is on the table; Give me your documents; His jumpers are in the bedroom
>
> *Il mio panino e il tuo sono sul tavolo/Il mio e il tuo panino sono sul tavolo*
> My sandwich and yours are on the table/Our sandwiches (my sandwich and your sandwich) are on the table
>
> *Di chi è questo libro? È il mio/È mio*
> Whose book is this? It's mine

■ The definite article **is used** before the possessive adjective with **plural family nouns**, but **not usually** with **singular family nouns**:

> *I miei genitori lavorano molto*; *I tuoi fratelli studiano all'università*
> My parents work hard; Your brothers are at university
>
> *Mio padre lavora molto*; *Tuo fratello studia all'università*
> My father works hard; Your brother is at university

■ The definite article **is not used** before the possessive adjective **in expressions such as**:

> *Mario è mio amico*; *Vieni a vedere casa mia*
> Mario is my friend; Come and see my house

■ The definite article **is used** in certain **time expressions**:

> *Il 1720 = the year*
> (The year) 1720

Il 20 agosto 1999 = *the date*
On August 20th 1999

Sono **le** *2:00* = *the time*
It is two o'clock

■ The definite article **is used** with plural nouns when talking about **things** or **people in general**:

I treni sono sempre in ritardo quando hai fretta
Trains are always late when you are in a hurry

2. THE INDEFINITE ARTICLE • *L' ARTICOLO INDETERMINATIVO*

What is it?

The indefinite article **indicates a generic noun**.

What form does it take?

■ **Masculine singular**

■ *un* + a noun that begins with a vowel or a consonant, except for *gn*, *ps*, *s* + a consonant, *x*, *y* or *z*:

un albero, *un bambino*, *un cestino*, *un dente*, *un elefante*, *un figlio*, *un gatto*, *un hotel*, *un indiano*, *un lavandino*, *un mese*, *un naso*, *un orologio*, *un piatto*, *un quadro*, *un ramo*, *un santo*, *un tetto*, *un uomo*, *un vino*

a tree, a boy, a basket, a tooth, an elephant, a son, a cat, a hotel, an Indian, a sink, a month, a nose, a clock, a plate, a picture, a branch, a saint, a roof, a man, a wine

■ *uno* + a noun that begins with *gn*, *ps*, *s* + a consonant, *x*, *y* or *z*:

uno gnomo, *uno psicologo*, *uno scoglio*, *uno xilofono*, *uno yacht*, *uno zio*

a gnome, a psychologist, a cliff, a xylophone, a yacht, an uncle

■ **Feminine singular**

■ *una* (*un'* + a noun that begins with a vowel or with *h*):

> *un'anatra*, *una bambola*, *una casa*, *una cipolla*, *una donna*,
> *un'erba*, *una foglia*, *una gatta*, *una giacca*, *un'hawaiana*,
> *un'insalata*, *una lavatrice*, *una moglie*, *una nonna*, *un'onda*,
> *una porta*, *una quantità*, *una riga*, *una sciarpa*, *una strada*,
> *una tigre*, *un'uva*, *una vita*, *una zia*
> a duck, a doll, a house, an onion, a woman, a grass, a leaf, a cat,
> a jacket, a Hawaiian girl, a salad, a washing machine, a wife,
> a grandmother, a wave, a door, a quantity, a line, a scarf, a street,
> a tiger, a type of grape, a life, an aunt

Note! *Un'* must only be used before **singular feminine gender nouns** that begin with a vowel; for **singular masculine gender nouns** that begin with a vowel use the form *un* without an apostrophe ('):

> *un'auto* a car [feminine gender: is correct]
> *un orologio* a clock [masculine gender: is correct]

■ **Masculine plural**

■ *dei* + a noun that begins with a consonant, except for *gn*, *ps*, *s* + a consonant, *x*, *y* or *z*:

> *dei bambini*, *dei ragazzi*
> some children, some boys

■ *degli* + a noun that begins with a vowel or with *gn*, *ps*, *s* + a consonant, *x*, *y* or *z*:

> *degli alberi*, *degli studenti*
> some trees, some students

■ **Feminine plural**

■ *delle*:

> *delle bambole*, *delle insalate*, *delle strade*
> some dolls, some salads, some roads

Note! The singular forms *del*, *dello*, *della*, *dell'* are also used to express a part of a quantity. In this case they are **partitives**, like the plural forms mentioned earlier:

*Vuoi **del** caffè?* [some]
Do you want some coffee?

*Mangerò **della** torta/**delle** castagne*
I'll eat some of the cake/some chestnuts

SUMMARY

un/uno → dei/degli:
un cane/uno scolaro → dei cani/degli scolari
a dog/a pupil → some dogs/some pupils

una/un' → delle:
una casa/un'arancia → delle case/delle arance
a house/an orange → some houses/some oranges

Where does it go?

The indefinite article goes **before the noun** and has **the same
gender** (masculine or feminine) **and number** (singular or plural)
as the noun. It is possible to insert qualitative or possessive adjectives and determiners between the article and the noun (→
1.2; 2.4; 3.1):

un *amico*, **un** *giovane amico*, **un** *mio amico*, **un** *altro amico*
a friend, a young friend, one of my friends, another friend

una *giacca*, **una** *bella giacca*, **una** *tua giacca*, **un'**altra giacca
a jacket, a beautiful jacket, one of your jackets, another jacket

delle *scarpe*, **delle** *strane scarpe*, **delle** *sue scarpe*, **delle** *altre scarpe*
some shoes, some strange shoes, some of his/her shoes, some other
shoes

When is it used?

The indefinite article is used **to indicate** a noun that represents
a **member of a group** or a **new element**, not previously mentioned in the conversation:

Un *cane ha quattro zampe* [each member of the category 'dogs']
A dog has four paws

*C'è **un** cane là* [an unfamiliar dog, any dog]
There's a dog over there

3. DEMONSTRATIVES • *DIMOSTRATIVI*

What are they?

Demonstratives indicate **the position of the elements** in space. They may be **demonstrative adjectives**, when they precede the noun they refer to, or **demonstrative pronouns**, when they replace the noun.

What form do they take?

■ **Masculine singular**

■ *questo*:

> *Prendi **questo** piatto!*; *Prendi **questo**!*
> Take this plate!; Take this!

■ *quel/quello/quell'*:

> *Voglio **quel** panino/**quello** specchio!*; *Voglio **quello**!*; ***Quell'**ombrello è mio!*
> I want that sandwich/that mirror!; I want that!; That umbrella is mine!

■ *codesto*:

> ***Codesto** quadro non mi piace*
> I don't like that picture

■ **Feminine singular**

■ *questa*:

> *Prendi **questa** sedia!*; *Prendi **questa**!*
> Take this chair!; Take this one!

■ *quella/quell'*:

> *Quell'auto è di Mario*; *Voglio **quella** giacca!*; *Voglio **quella**!*
> That is Mario's car; I want that jacket!; I want that one!

■ *codesta*:

> *Codesta poltrona è più comoda di quella*
> That armchair near you is more comfortable than that one

■ Masculine plural

■ *questi*:

> *Prendo **questi** biscotti!*; *Prendo **questi**!*
> I'll take these biscuits!; I'll take these!

■ *quei/quegli* (only used as a demonstrative adjective); *quelli* (only used as a demonstrative pronoun):

> *Voglio **quei** giornali! Sì, proprio **quelli**!*; ***Quegli** studenti sono intelligenti*
> I want those newspapers! Yes, those!; Those students arc intelligent

■ *codesti*

■ Feminine plural

■ *queste*:

> *Prendo **queste** pere!*; *Prendo **queste**!*
> I'll take these pears!; I'll take these!

■ *quelle*:

> *Voglio **quelle** ciliegie!*; *Voglio **quelle**!*
> I want those cherries!; I want those!

■ *codeste*

■ **Neutral form**

■ *ciò*/*quello* (only pronouns):

> *Non dire ciò/quello che pensi*
> Don't say what you think

Note! The forms *quel*, *quello*, *quella*, *quell'*, *quei*, *quegli*, *quelle* before a noun follow the same rules as the definite article (→ 2.1):

> *il/quel bambino*; *lo/quello scolaro*; *la/quella pianta*;
> *l'/quell'albero*; *l'/quell'arancia*; *i/quei bambini*;
> *gli/quegli studenti*; *le/quelle bambine*
> the/that boy; the/that pupil; the/that plant;
> the/that tree; the/that orange; the/those children;
> the/those students; the/those little girls

Where do they go?

■ The demonstratives go **before the noun** and have the **same gender** (masculine or feminine) **and number** (singular or plural). A qualitative adjective (→ 1.2) or the possessive pronoun (→ 3.2) can be inserted between the demonstrative adjective and the noun:

> *questo libro*, *quel bel libro*, *quella tua amica*
> this book, this interesting book, that friend of yours

■ The demonstrative pronouns **replace the noun** and have the **same gender**:

> *Vuoi il maglione verde o quello rosso?*
> Do you want the green jumper or the red one?
>
> *Vuoi la torta al cioccolato o quella di mele?*
> Do you want the chocolate cake or the apple cake?

When are they used?

■ *Questo* = indicates an object **close to** the person who is **speaking**:

*Prendi **questa** penna!* [the pen is close to the person who is speaking]
Take this pen!

*Prendi **questa!*** [referring to an object close to the person who is speaking]
Take this!

■ ***Quello*** = indicates an object **distant from** the person who is **speaking** and the person **listening**:

*Chiama **quell'**uomo!* [the man is distant from the person speaking and the person listening]
Call that man!

*Quale? **Quello?*** [referring to the man who is distant from the person speaking and the person listening]
Which one? That one?

■ ***Codesto*** = indicates an object **close to** the person **listening**. It is now rarely used and is generally replaced by *quello*:

***Codesti/Quei** quadri non mi piacciono!* [the pictures close to the person listening]
I don't like those pictures

***Codesti/Quelli** mi piacciono* [referring to objects close to the person listening]
I like those

■ ***Ciò/quello*** = are used to replace a generic noun (the object):

*Leggi **ciò/quello** che ho scritto*
Read what I have written

4. INDEFINITES • *INDEFINITI*

What are they?

The indefinites express **imprecise** or **undefined quantities** of people or things.

What form do they take? Where do they go?

■ Some indefinites can either be **adjectives** (before the noun) or **pronouns** (instead of the noun):

altro/-a/-i/-e other	*troppo/-a/-i/-e* too much/too many
certo/-a/-i/-e certain	*tutto/-a/-i/-e* every
diverso/-a/-i/-e various/a number	*vario/-a/-i/-e* various/a number
molto/-a/-i/-e a lot/many	*alcun(o)/-a/-i/-e* some
parecchio/-a/-i/-e a lot/several	*ciascun(o)/-a* each
poco/-a/-hi/-he little/few/not many	*nessun(o)/-a* none
tanto/-a/-i/-e a lot/lots	

■ The indefinites end in: *-o* = masculine singular; *-a* = feminine singular; *-i/-hi* = masculine plural; *-e/-he* = feminine plural. The indefinites that end in *-uno* before a noun behave like an indefinite article (→ 2.2); *ciascuno* and *nessuno* do not have a plural form.

Note! The masculine plural of *parecchio* is **parecchi** and the plural of *vario* is **vari**:

*Verrò un **altro** giorno; Fallo un'**altra** volta; Esco con **altri** amici; Ci sono **altre** stanze in questa casa?*
I will come another day; Do it some other time; I am going out with some other friends; Are there any other rooms in this house?

*È il solito vino? No, è un **altro**; È la stessa maglia di ieri? No, è un'**altra***
Is this the usual wine? No, it's another (a different) one; Is that the same jumper as yesterday? No, it's another one

*Sono i dolci che hai fatto questa mattina? No, sono (degli) **altri***
Are these the cakes you made this morning? No, they aren't

*Sono le stesse bambine? No, sono (delle) **altre***
Are these the same little girls? No, they aren't

*Sto cercando un **certo** libro; Dovevo dirti una **certa** cosa, ma non ricordo quale; **Certi** giorni dormirei fino a sera; **Certe** notti non riesco a dormire*
I am looking for a certain book; I have to tell you something, but I can't remember what; Some days I could sleep until the evening; Some nights I can't get to sleep

*Ho **diversi** amici che vivono a Milano*
I have a number of friends living in Milan

*Ho **molto** lavoro da fare oggi*
I have a lot of work to do today

***parecchio** denaro, **parecchia** gente, **parecchi** vestiti, **parecchie** tazze*
a lot of money, a lot of people, a lot of clothes, several cups

***poco** pane, **poca** gente, **pochi** piatti, **poche** lettere*
little bread, few people, few dishes, few letters

*È **poco*** [the food you have prepared]/***poca*** [the distance]; *Sono **pochi***
[the students present]/***poche*** [the (female) students]
It is not enough/it is not far; There are not many/there are not many

***troppo** sale, **troppa** fretta, **troppi** ospiti, **troppe** persone*
too much salt, too much of a rush, too many guests, too many people

*È **troppo*** [*il pane* = the bread]/*È **troppa*** [*la pasta* = the pasta]; *Sono*
troppi [*i bambini* = the children]/***troppe*** [*le bambine* = the little
girls]
There is too much bread/There is too much pasta; Too many
children/Too many little girls

***ciascun** figlio, **ciascun** ingrediente, **ciascuno** scoglio, **ciascuna**
sedia, **ciascun'**amica*
each child, each ingredient, each cliff, each chair, each (female)
friend

◄ Some indefinites are **only adjectives** (before the noun):

ogni	every
qualche	some
qualsiasi	any
qualunque	any/whichever

◄ They are **invariable**, the masculine and the feminine forms are
the same, there is no plural form:

***ogni** giorno, **ogni** ora*
every day, at all hours

***qualche** giorno, **qualche** ora*
some day, some hours

Note! After *ogni, qualche, qualsiasi, qualunque*, even though they express quantities of more than one, **the noun** is always **singular**:

qualche ora [is correct = more than an hour, an undefined quantity of hours]

■ *Qualsiasi* and *qualunque* may also follow the noun, in this case the noun may be singular or plural. However, the meaning changes slightly:

Mangio qualsiasi verdura
I eat any type of vegetable

Con il pesce mangerò una verdura qualsiasi/delle verdure qualsiasi
With the fish I will eat any kind of vegetable/some vegetables, it doesn't matter what kind

■ Other indefinites are **only pronouns** (instead of the noun):

chiunque whoever/anyone	*qualcosa* something/anything
niente nothing	*qualcuno/-a* someone/somebody
nulla nothing	*uno/-a* one
ognuno/-a everyone	

■ *Chiunque, niente, nulla, qualcosa* are **invariable**; *ognuno, qualcuno, uno* take the **-a** in the feminine singular. There are **no plural forms**:

Chiunque può partecipare
Anyone can take part

Non voglio niente/nulla
I don't want anything

Ognuno deve fare un dolce per la festa
Everyone must make a dessert for the party

Per il matrimonio indosserò qualcosa di elegante
I will wear something elegant for the wedding

C'è qualcuno?
Is anyone there?

Sono arrivate le ragazze? Una di loro è qui
Have the girls arrived? One of them is here

When the indefinite pronoun indicates **part of a whole** it is followed by the preposition *di* (simple or contracted → 4). *Di* is also used before a qualitative adjective that refers to the indefinite pronoun (→ 1.2):

> *uno di noi*
> one of us
>
> *nessuno dei ragazzi*
> none of the boys
>
> *qualcosa di interessante*
> something interesting
>
> *niente di importante*
> nothing important

When are they used?

Indefinite pronouns that refer to a **person**:

chiunque = anyone, anybody, it doesn't matter who:

> *Chiunque può fare questo lavoro*
> Anyone can do this job

nessuno = no-one, nobody:

> *Non conosco nessuno* [I have no friends or acquaintances]
> I don't know anybody

ognuno/ciascuno = the persons in a group considered individually:

> *Ognuno/Ciascuno di noi ha dei diritti e dei doveri* [we, taken one by one]
> Everybody/Each of us has rights and duties

qualcuno = an undefined person, not specified:

> *Ha telefonato qualcuno?*
> Did anyone phone?
>
> *Conosci qualcuno a Milano?* [have you got any friends?]
> Do you know anyone in Milan?

■ *tutti* = all the people referred to [it is always plural]:

> *Siamo **tutti** qui*; *Ragazze, ci siete **tutte**?*
> We are all here; Girls, are you all here?

■ **Indefinite pronouns** that refer to **things**:

■ *niente/nulla* = nothing (→ 6; 8.2 The negative form):

> *Non fa **niente/nulla** nella vita* [ie: doesn't work and doesn't study]
> He/she does nothing

> *Non mi piace **niente/nulla** qui*
> I don't like anything here

■ *qualcosa* = anything:

> *Vuoi **qualcosa**?*
> Do you want anything?

■ *tutto* = everything:

> *Mangia **tutto**!* [all the things available to be eaten]
> Eat everything!/Eat up!

■ **Indefinite pronoun** that refers to **people or things**:

■ *uno* = one. If it is used before the noun it is an indefinite article (→ 2.2); if it is used instead of the noun it can be considered an indefinite because, although it indicates a unit, it does not say which (it is generally accompanied by the pronoun *ne* → 3.1):

> *Ho un amico → ne ho **uno***; *Prendo una fetta di torta → ne prendo **una***; *Prendo un fazzoletto → ne prendo **uno***
> I have a friend → I have one; I'll take a slice of cake → I'll take one; I'll take a handkerchief → I'll take one

■ **Indefinite adjectives** that refer to **people or things**:

■ *ogni/ciascuno* + singular noun = every/each:

> ***Ogni** anno andiamo al mare* [each single year]
> Every year we go to the seaside

*Dovete firmare **ciascun** foglio* [all the individual pages]
You must sign each page

nessuno/non ... alcuno = no-one/nobody, nothing (→ 6; 8.2 The negative form):

> ***Nessun** ragazzo/**Nessuna** ragazza ha voluto partecipare* [not one boy/not one girl];
> None of the boys (of the girls) wanted to take part
>
> ***Non** ho fatto **alcuno/nessuno** sbaglio*
> I didn't make any/I made no mistakes

qualsiasi/qualunque + singular noun = any/whichever:

> ***Qualsiasi/qualunque** soluzione andrà bene* [one of the solutions, it doesn't matter which]
> Any solution will do

tutto = all:

> ***Tutti** i posti sono occupati*; *Non mangiare **tutte** le patate*; *Lavoro **tutto** il giorno*
> All the places are taken; Don't eat all the potatoes; I work all day

Indefinite adjectives and pronouns that refer to people or things:

altro = something else, not the thing we are talking about:

> *Dammi un **altro** foglio!*; *Non voglio questo panino, ne voglio un **altro***; *Non esco con questa bicicletta, prendo l'**altra***
> Give me another sheet of paper!; I don't want this sandwich, I want another one; I'm not going out on this bike, I'll take another one

certo = a certain, unnamed person or thing:

> *Non fare **certe** cose* [I don't say which, but you and I know]
> Don't do certain things
>
> *Sto cercando un **certo** prodotto, ma non lo trovo* [I know which product I want, but I don't mention the name]
> I am looking for a certain product, but I can't find it

Notes! As a pronoun *certo* can only be used in the plural:

> ***Certi*** *vogliono sempre avere ragione*
> Certain people always want to be wright

- **Indefinite adjectives and pronouns** that refer specifically to the **quantity** (not specified) of **people or things**:

- ***molto*** = a lot:

> *Ha dieci case, quindi ha* ***molte*** *case*
> He has ten houses, therefore he has a lot of houses

> *Quanti amici c'erano? Ce n'erano* ***molti***
> How many friends were there? There were a lot

- ***qualche*** (+ singular noun)/***alcuni*** = some:

> *Ho* ***qualche*** *amico/***alcuni*** *amici*
> I have some friends

> *Ho mangiato* ***qualche*** *caramella/***alcune*** *caramelle*
> I have eaten some sweets

Note! *Qualche* can only be used as an **adjective**:

> *Hai molti amici? Ne ho* ***alcuni*** *[Ne ho qualche is incorrect!]*
> Have you got a lot of friends? I have some

- ***tanto*** = a lot [it is similar in meaning to *molto*]:

> *Ha dieci case, quindi ha* ***tante*** *case*
> He has ten houses, therefore he has a lot of houses

> *Quanti soldi ha? Ne ha* ***tanti***
> How much money has he got? He has (got) a lot

- ***troppo*** = too much/too many:

> *Quella casa ha venti stanze. Quella casa ha* ***troppe*** *stanze*
> That house has twenty rooms. That house has too many rooms

> *Quanta pasta vuoi? Basta, me ne hai data* ***troppa***
> How much pasta do you want? That's enough, you have given me too much

parecchio = a lot, several; a slightly smaller quantity than *molto*:

> *Sono stanco, ho corso per **parecchi** chilometri*
> I am tired, I have run several kilometers

> *Conosci molte persone? Ne conosco **parecchie***
> Do you know many people? I know several/a lot

diverso/vario = a number [the meaning is similar to *parecchio*]:

> *Ci sono **diverse/varie** persone qui*
> There are a number of people here

> *Ce ne sono **diverse/varie** [persone]*
> There are a number (of people)

poco = a little, (a) few:

> *Ho cinque caramelle e dieci bambini, perciò le caramelle sono* **poche**
> I have five sweets and ten children, so there are too few sweets

> *Vuoi del latte nel caffè? Sì, ma **poco***
> Do you want milk in your coffee? Yes, but only a little

Note! *Molto, tanto, troppo, poco* (*un po'*) are also **adverbs** (→ 6) and they precede a qualitative adjective (→ 1.2) or follow a verb:

> *La pasta è **molto** condita/**poco** cotta*
> The pasta is very salty/not sufficiently cooked

> *Questo caffè è **troppo** caldo*
> This coffee is too hot

> *Ho lavorato **molto***
> I have worked hard

5. NUMERALS • *NUMERALI*

What are they?

Numerals indicate a numerical quantity (**cardinal numbers** *numeri cardinali*), the order in a series (**ordinal numbers** *numeri* *ordinali*), or a comparison between two or more quantities (**multiples** *moltiplicativi*).

What form do they take?

	CARDINAL NUMBERS	ORDINAL NUMBERS	
1	*uno/-a*	*primo/-a/-i/-e*	1°, I
2	*due*	*secondo/-a/-i/-e*	2°, II
3	*tre*	*terzo/-a/-i/-e*	3°, III
4	*quattro*	*quarto/-a/-i/-e*	4°, IV
5	*cinque*	*quinto/-a/-i/-e*	5°, V
6	*sei*	*sesto/-a/-i/-e*	6°, VI
7	*sette*	*settimo/-a/-i/-e*	7°, VII
8	*otto*	*ottavo/-a/-i/-e*	8°, VIII
9	*nove*	*nono/-a/-i/-e*	9°, IX
10	*dieci*	*decimo/-a/-i/-e*	10°, X
11	*undici*	*undicesimo/-a/-i/-e*	
12	*dodici*	*dodicesimo/-a/-i/-e*	
13	*tredici*	*tredicesimo/-a/-i/-e*	
14	*quattordici*	*quattordicesimo/-a/-i/-e*	
15	*quindici*	*quindicesimo/-a/-i/-e*	
16	*sedici*	*sedicesimo/-a/-i/-e*	
17	*diciassette*	*diciassettesimo/-a/-i/-e*	
18	*diciotto*	*diciottesimo/-a/-i/-e*	
19	*diciannove*	*diciannovesimo/-a/-i/-e*	
20	*venti*	*ventesimo/-a/-i/-e*	
21	*ventuno*	*ventunesimo/-a/-i/-e*	
22	*ventidue*	*ventiduesimo/-a/-i/-e*	
23	*ventitré*	*ventitreesimo/-a/-i/-e*	
24	*ventiquattro*	*ventiquattresimo/-a/-i/-e*	
25	*venticinque*	*venticinquesimo/-a/-i/-e*	
26	*ventisei*	*ventiseiesimo/-a/-i/-e*	
27	*ventisette*	*ventisettesimo/-a/-i/-e*	
28	*ventotto*	*ventottesimo/-a/-i/-e*	
29	*ventinove*	*ventinovesimo/-a/-i/-e*	

30	*trenta*	*trentesimo/-a/-i/-e*
40	*quaranta*	*quarantesimo/-a/-i/-e*
50	*cinquanta*	*cinquantesimo/-a/-i/-e*
60	*sessanta*	*sessantesimo/-a/-i/-e*
70	*settanta*	*settantesimo/-a/-i/-e*
80	*ottanta*	*ottantesimo/-a/-i/-e*
90	*novanta*	*novantesimo/-a/-i/-e*
100	*cento*	*centesimo/-a/-i/-e*
1000	*mille*	*millesimo/-a/-i/-e*
1.000.000	*un milione*	*milionesimo/-a/-i/-e*
1.000.000.000	*un miliardo*	*miliardesimo/-a/-i/-e*

The cardinal numbers

What form do they take? When are they used?

Uno/-a is the only cardinal number with a masculine and a feminine form and it follows the rules of the indefinite article (→ 2.2):

> **un** *amico*, **uno** *scolaro*, **una** *sorella*, **un'***amica*
> a (male) friend, a (male) pupil, a sister, a (female) friend

The numbers with **tens** and **units** (21, 22, 23, 24, etc.) maintain this order even when they are written as words; numbers with hundreds/thousands/millions/billions + units and tenths/hundredths/thousandths/millionths follow the same principle:

> *21, 22, 23 ... 31, 32, 33 ... = ventuno* [when there are two vowels – venti + uno/otto – the vowel on the tens is dropped], *ventidue, ventitré ... trentuno, trentadue, trentatré ...*
>
> *101, 102, 1210, 1.350.000 = centouno, centodue, milleduecentodieci, un milionetrecentocinquantamila*

If the **number is not complete**, for example if there are no thousandths, or hundreds, it is better to put **e** 'and' between the numbers. This is not usually done with **cento** and **mille**:

> *1.000.010, 1.000.000.100 = un milione **e** dieci, un miliardo **e** cento*
> *104, 106, 1001, 1010 = centoquattro, centosei, milleuno, milledieci*

■ In the plural *cento* remains unvaried and *mille* becomes *-mila*:

> *200 = duecento; 300 = trecento*
>
> *2000 = duemila; 3000 = tremila; 10.000 = diecimila; 100.000 = centomila*

■ *Milione* and *miliardo* are similar to nouns and behave in the same way:

> *2.000.000 = due milioni; 2.000.000.000 = due miliardi*
>
> *Dammi i due milioni che ti ho prestato; Ha vinto i due miliardi della lotteria*
>
> Give me the two million I lent you; He/she has won two billion on the lottery

Where do they go?

The cardinal numbers always **precede** the **noun**, accompanied by any adjectives.

■ The numeral always **follows** the **article** and the **demonstrative**:

> *i due ragazzi; questi due ragazzi; questi due bei ragazzi*
> the two boys; these two boys; these two handsome boys

■ The numeral can **follow** or **precede** the **possessive adjective** (→ 3.2):

> *i miei tre figli/i tre miei figli* [less common]
> my three children
>
> *i miei tre giovani figli/i tre miei giovani figli* [less common]
> my three young children

The ordinal numbers

What form do they take? When are they used?

■ As from eleventh (*undicesimo*) the ordinal numbers are formed by adding *-esimo* to the cardinal numbers (which lose the final vowel, except in compounds with *tre* three):

undicesimo, dodicesimo, ventunesimo, ventiduesimo, ventitreesimo, novantatreesimo
eleventh, twelfth, twenty first, twenty second, twenty third, ninety third

■ They have **masculine** or **feminine**, **singular** or **plural** forms (they follow the rules given for nouns → 1.1):

primo/prima/primi/prime
first (m. sing./f. sing./m. pl./f. pl.)

ventiduesimo/ventiduesima/ventiduesimi/ventiduesime
twenty second

If they are preceded by a cardinal number they are **fractions**:

1/5 = un quinto; *3/4 = tre quarti*
a fifth; three quarters

■ In the fractions *secondo* is replaced by **mezzo**. *Mezzo*, meaning 'half', has a feminine form **mezza**, which is also used in colloquial Italian for time expressions:

1/2 = un mezzo
half

mezzo *melone*
half a melon

Sono le dodici e mezzo/a [12:30]
It is half past twelve

Where do they go?

Generally the ordinal numbers take the same position as the cardinal numbers:

il terzo premio; *questo quarto concorrente*
the third prize; this fourth competitor

il tuo primo giorno di scuola
your first day at school

The multiples

What form do they take? When are they used?

■ The multiples are:

doppio double	*duplice* twofold
triplo triple	*triplice* threefold
quadruplo quadruple	*quadruplice* fourfold
quintuplo quintuple	*quintuplice* fivefold
sestuplo sixfold	*sestuplice* sixfold
...	
centuplo one hundredfold	*centuplice* one hundredfold

■ They may precede, follow or replace the noun. *Doppio*, *triplo*, *quadruplo*, etc. indicate multiple quantities (*doppio* = double, twice as much; *triplo* = triple, three times as much, etc.). The form *-plice* (which is not used in English) means 'composed of a certain number of equal parts' (*duplice* = two equal units; *triplice* = three equal units, etc.):

> *Questo viaggio costa il **doppio** dell'altro*; *Una spesa **doppia***
> This trip costs twice as much as the other one; A double expense/cost

> *Il documento va compilato in **duplice** copia*
> Two copies of the document must be filled in

> *Questa valigia pesa il **triplo** dell'altra*; *Una porzione **tripla***
> This suitcase weighs three times as much as the other one; A triple portion

> *Compila il documento in **triplice** copia*
> Complete three copies of the document

Other number expressions

What form do they take? When are they used?

■ ***Entrambi/-e*** = both:

> *Due bambini stanno giocando in cortile; **entrambi** indossano un cappello*
> Two children are playing in the courtyard; they are both wearing a hat

Entrambi questi libri sono di Maria; *Usa* **entrambe** le mani!
Both these books are Maria's; Use both hands

■ *Paio* (pl.: *paia*) = a pair formed of two similar things:

un **paio** di scarpe/di pantaloni
a pair of shoes/of trousers

due **paia** di scarpe/di pantaloni
two pairs of shoes/of trousers

■ *Decina* (pl.: *decine*) = about ten, groups of ten; tens:

una **decina** di persone [an approximate number]
about ten people

decine di persone [a lot of people]
tens of people

■ *Ventina, trentina, quarantina, cinquantina, sessantina, settantina, ottantina, novantina* = approximately twenty, thirty, forty, etc.; there are no plural forms:

Conosco una **ventina** *di persone*
I know approximately twenty people

Quell'uomo avrà una **quarantina** *d'anni*
That man must be about forty (years old)

■ *Dozzina* (pl.: *dozzine*) = twelve/about twelve; groups of twelve; dozen; dozens:

una **dozzina** di persone [twelve/approximately twelve]
a dozen people

una **dozzina** di uova
a dozen eggs

dozzine di persone [a lot of people]
dozens of people

Centinaio (pl.: *centinaia*) = approximately a hundred; a large quantity composed of many hundreds; hundreds:

un **centinaio** di persone
approximately a hundred people

centinaia di persone
hundreds of people

■ *Migliaio* (pl.: *migliaia*) = approximately a thousand; a large quantity composed of many thousands; thousands:

un migliaio di persone
approximately a thousand people

migliaia di persone
thousands of people

3. PERSONAL PRONOUNS, POSSESSIVE ADJECTIVES AND PRONOUNS

What are they?

Personal pronouns, both subject and object, and possessive adjectives and pronouns indicate individuals, show ownership or connection.

1. PERSONAL PRONOUNS • *PRONOMI PERSONALI*

What form do they take?

PERSON	SUBJECT		OBJECT		
1st sing.	*io*	I	*mi*	*me*	me
2nd sing.	*tu*	you	*ti*	*te*	you
3rd sing. m.	*egli/lui/esso*	he/it	*lo/gli/si*	*lui/sé*	him
3rd sing. f.	*ella/lei/essa*	she/it	*la/le/si*	*lei/sé*	her
1st pl.	*noi*	we	*ci*	*noi*	us
2nd pl.	*voi*	you	*vi*	*voi*	you
3rd pl. m.	*essi/loro*	they	*li/si*	*loro/sé*	them
3rd pl. f.	*esse/loro*	they	*le/si*	*loro/sé*	them

Where do they go? When are they used?

■ **Subject pronouns** replace the subject (→ 8.2) and take the place of the noun, generally before the verb. It is important to remember that in Italian they are almost always omitted:

(Io) mangio una mela, (tu) mangi una mela, (egli/ella/esso/essa) mangia una mela, (noi) mangiamo una mela, (voi) mangiate una mela, (essi/esse) mangiano una mela
I eat an apple, you eat an apple, he/she/it eats an apple, we eat an apple, you (pl.) eat an apple, they eat an apple

■ They are always expressed when used **to emphasise** the subject: in this case they go after the verb and the pronouns *lui*, *lei* are used instead of *egli*, *ella* and *loro* instead of *essi*, *esse*:

Chi è stato? Sono stato io/È stato lui/Siamo stati noi
Who did it? I did it/He did it/We did it

■ The personal pronoun *lei* is used as a **form of courtesy** when speaking to an adult who is not a close acquaintance:

Lei, dottore, che cosa ne pensa?
What do you think, doctor?

■ The forms *mi*, *ti*, *lo*, *la*, *ci*, *vi*, *li*, *le*, etc. replace the direct object (→ 5.1, 8.2); the forms *mi*, *ti*, *gli*, *le*, *ci*, *vi* replace the indirect object (→ 4.2):

Prendo il libro → lo prendo
I take the book → I take it

Vedo la mamma → la vedo
I see mother → I see her

Parlo a Maria → le parlo
I talk to Maria → I talk to her

Parlo a Mario → gli parlo [but: *Parlo agli studenti/alle studentesse → parlo loro*]
I talk to Mario → I talk to him; I talk to the students → I talk to them

■ There is also the form *ne* (*n'*), which means 'of this/that/of this person', 'about it/that/this' or 'away from here', and the form *ci/vi* (more formal) which means 'to or in that place' or 'that, in that':

Ne voglio un po' [*di torta*]; *Ne parliamo spesso* [*di calcio*]; *Lo stimo e ne apprezzo la serietà* [*di lui*]; *Se n'è andato* [*da qui*]
I want some [of that cake]; We often talk about it [about football]; I admire him and I appreciate his principles; He has gone away [from this place]

Ci vado [*a Roma*]; *Ci* abito [*in quella casa*]; *Sarà vero, ma non* **ci**
credo [*a ciò*]
I am going there [to Rome]; I live there [in that house]; It may be
true, but I don't believe it [what has been said]

Vi fanno riferimento in molti [*a quel libro*]
A lot of people refer to it [to that book]

■ *Mi*, *ti*, *si*, *ci*, *vi* are also used as **reflexives**, when a verb expresses an action that affects the person that carries out the action; in this case they are called **reflexive pronouns** (→ 5.1):

Io **mi** *lavo, tu* **ti** *lavi, egli/ella/esso/essa* **si** *lava, noi* **ci** *laviamo, voi* **vi**
lavate, essi/esse **si** *lavano*
I wash (myself), you wash (yourself), he/she/it washes (himself/
herself/ itself), we wash (ourselves), you (pl.) wash (yourselves),
they wash (themselves)

■ The forms *mi*, *ti*, *lo*, *la*, *ci*, *vi*, *li*, *le*, etc. are always placed **before
the verb**, when it is in one of the **personal moods**, and **after the
verb** in the **infinitive** or in the **imperative** (→ 5.2); in these cases
the pronoun is linked to the verb. With the **modal verbs** (→ 5.1)
it is possible to place them before the modal or after the verb in
the infinitive:

Mario **la** *vede spesso*; **L'**ho visto
Mario often sees her; I saw him

Mi ha suggerito di parlarle; *Parlale!*
He suggested I talk to her; Talk to her

Mi puoi sentire?/Puoi sentirmi?
Can you hear me?

■ Some expressions with *stare* + gerund, *stare per* + infinitive,
sapere + infinitive, *finire di* + infinitive, *cominciare a* + infinitive,
etc. behave in the same way as modal verbs:

Vi stavano rispondendo/Stavano rispondendovi; **Lo** *sto per
chiamare/Sto per chiamarlo*; **Lo** *so fare/So farlo*; **La** *finisco di
scrivere/Finisco di scriverla*; **Si** *comincia a sentire il
freddo/Comincia a sentirsi il freddo*
They were answering you; I am about to call him; I know how to do
it; I will finish writing it; It is starting to get cold

■ When a personal pronoun is used with a verb it is necessary to
observe certain **spelling rules**:

■ *lo*, *la* take an apostrophe and lose their vowel before verbs that begin with a vowel or with *h*:

> *L'abbracciarono*; *L'ho visto*
> They hugged him/her; I saw him

■ *mi*, *lo*, *la*, *li*, *le*, *ci* double the consonant after verbs in the imperative (→ 5.2) with only one syllable:

> *Dammi il libro!*; *Fallo adesso!*
> Give me the book!; Do it now!

■ the verb in the infinitive loses its final *e*:

> *parlare → parlarmi*
> to speak → to speak to me

■ The personal pronouns can be paired to form the following combinations:

mi, ti, si, gli, ci, vi + *lo, la, li, le, ne*	*me lo, me la, me li, me le, me ne*
	te lo, te la, te li, te le, te ne
	se lo, se la, se li, se le, se ne
	glielo, gliela, glieli, gliele, gliene
	ce lo, ce la, ce li, ce le, ce ne
	ve lo, ve la, ve li, ve le, ve ne

> *Hai visto le foto? Sì,* ***me le*** *ha mostrate*
> Have you seen the photos? Yes, he showed them to me (literally: me them)

> *Le hai scritto delle lettere? Sì,* ***gliene*** *ho scritte tre*
> Have you written any letters to her? Yes I have written three (literally: I have written to her three of them)

■ The paired pronouns follow the same spelling rules as the single pronouns. All the forms are linked with a verb that is in an impersonal mood or the imperative:

> *Me l'ha regalato per il mio compleanno*
> He gave it to me for my birthday

*Puoi parlar**mene** domani?*
Can you talk to me about it tomorrow?

*Parlando**mene** starai meglio*
You will feel better if you talk to me about it

*Sai l'ultima notizia? No, di**mmela**!*
Do you know the latest news? No, tell me!

■ The forms **glielo/-a/-i/-e** and **gliene** are also used for the feminine form:

*Dillo a Mario/a Maria = di**glielo**!*
Tell Mario/Maria = Tell him/her!

■ The forms **me**, **te**, **lui**, **lei**, **noi**, **voi**, **loro**, etc. go **after the verb** and are usually preceded by a prepositon (→ 4); the pronoun **loro** can also be used without the preposition **a**:

*Stai parlando a **me**?; Questo è per **te**!; Non dirlo a **lei**!; Vieni con **noi** alla festa?; Esco con **voi** questa sera; Verremo con **loro**; L'ho detto (a) **loro***

Are you talking to me?; This is for you!; Don't tell her!; Are you coming to the party with us?; I am going out with you this evening; We will come with them; I told them

2. POSSESSIVE ADJECTIVES AND PRONOUNS • *AGGETTIVI E PRONOMI POSSESSIVI*

What form do they take?

PERSON	M. SING.	F. SING.	M. PL.	F. PL.	ADJ.	PRON.
1st sing.	*mio*	*mia*	*miei*	*mie*	my	mine
2nd sing.	*tuo*	*tua*	*tuoi*	*tue*	your	yours
3rd sing. m.	*suo*	*sua*	*suoi*	*sue*	his/its	his
3rd sing. f.	*suo*	*sua*	*suoi*	*sue*	her/its	hers
1st pl.	*nostro*	*nostra*	*nostri*	*nostre*	our	ours
2nd pl.	*vostro*	*vostra*	*vostri*	*vostre*	your	yours
3rd pl. m.	*loro*	*loro*	*loro*	*loro*	their	theirs
3rd pl. f.	*loro*	*loro*	*loro*	*loro*	their	theirs

Where do they go? When are they used?

- The **possessive adjectives** define possession, that is they indicate **to whom** a certain object **belongs**. They have the same gender and number as the **noun** and not the possessor: if the noun is masculine singular the possessive adjective will also be masculine singular, if it is feminine plural the possessive adjective will be feminine plural, etc. They are usually preceded by an article, except in some special cases (→ 2.1; 2.2); there may be a qualitative adjective between the possessive adjective and the noun (→ 1.2):

> *Anna mi ha prestato la **sua** gonna, le **sue** scarpe e i **suoi** guanti*
> [each possessive adjective has the same gender as the thing possessed and not the possessor]
> Anna lent me her skirt, her shoes and her gloves

> *il **mio** cane, la **tua** casa, i **nostri** fiori, le **sue** storie*
> my dog, your house, our flowers, his/her stories

> *la **mia** mamma, **tuo** padre*
> my mother, your father

> *i **nostri** bei giardini, il **vostro** bell'albero di Natale*
> our beautiful gardens, your beautiful Christmas tree

- The **possessive pronouns** also define the possession and replace the noun, taking the **same gender and number** (as already explained for the possessive adjectives); they are usually preceded by the article, which can be eliminated when they accompany the verb *essere* (to be):

> *Il mio bambino e il **suo** giocano spesso insieme*
> My little boy and his often play together

> *Di chi è questo ombrello? È **il mio**/È **mio***
> Whose umbrella is this? It's mine

4. PREPOSITIONS

1. TYPES OF PREPOSITION • *TIPI DI PREPOSIZIONI*

What are they? Where do they go?

The prepositions go **before a noun**, **pronoun**, **an adjective**, or **a verb** to indicate its **function** in the sentence (→ 8.2):

*l'auto **di** Mario* [noun]
Mario's car

*uno **di** noi* [pronoun]
one of us

*qualcosa **di** bello* [adjective]
something beautiful

*Ti ho detto **di** fare i compiti* [verb]
I told you to do your homework

What form do they take?

Prepositions may be simple, contracted or improper.

The **simple prepositions** are: *di*, *a*, *da*, *in*, *con*, *su*, *per*, *tra*, *fra*.

The **contracted prepositions** are formed by the simple prepositions *di*, *a*, *da*, *in*, *su* + the **definite article**. They follow the rules for the definite article (→ 2.1):

*di + il = **del***	*a + il = **al***	*da + il = **dal***
(of/belonging to)	(to/at)	(of/from)
*di + lo = **dello***	*a + lo = **allo***	*da + lo = **dallo***
*di + la = **della***	*a + la = **alla***	*da + la = **dalla***

di + l' = dell'	*a + l' = all'*	*da + l' = dall'*
di + i = dei	*a + i = ai*	*da + i = dai*
di + gli = degli	*a + gli = agli*	*da + gli = dagli*
di + le = delle	*a + le = alle*	*da + le = dalle*

in + il = nel (in/into)	*su + il = sul* (on/onto)
in + lo = nello	*su + lo = sullo*
in + la = nella	*su + la = sulla*
in + l' = nell'	*su + l' = sull'*
in + i = nei	*su + i = sui*
in + gli = negli	*su + gli = sugli*
in + le = nelle	*su + le = sulle*

■ The contracted forms with *con* + article (*col, collo, colla, coll', coi, cogli, colle*) are not often used: a simple preposition followed by the article is more commonly used (*con il coltello*, with the knife, is better than *col coltello*).

■ The **improper prepositions** are words with a separate meaning; they can be used as prepositions alone or accompanied by simple or contracted prepositions. The principal examples are:

prima (di) before, *dopo* after, *durante* during, *sopra* above, *sotto* under, *dentro* inside, *fuori (di)* outside, *dietro (a)* behind, *davanti (a)* in front, *di fronte a* at the front of/before, *lontano (da)* far from, *vicino (a)* near to, *di fianco a* alongside, *accanto (a)* beside, *intorno* around, *presso (di)* at, *lungo* along, *verso* towards, *oltre* beyond, *fino (a)* until/up to, *senza* without, *insieme (a)* together, *a causa di* due to, *a favore di* in favour of, *contro* against, *per mezzo di* by means of, *grazie a* thanks to, *in base a* on the basis of, *secondo* according to, *a proposito di* concerning/about (something)

2. SIMPLE AND CONTRACTED PREPOSITIONS • *PREPOSIZIONI SEMPLICI E ARTICOLATE*

When are they used?

This is how the simple and contracted prepositions are generally used:

di (*del*, *dello*, *della*, *dell'*, *dei*, *degli*, *delle*)

specifying (*specificazione*) = refers to or specifies the preceding noun:

> *la costruzione **della** casa*; *la cucitura **del** vestito*
> the construction of the house; the stitching of the dress

prepositional phrases (*denominazione*) = are used to say that something belongs to, or is associated with someone or something (→ 1.1):

> *la città **di** Londra*; *il giorno **di** Natale*
> the city of London; on Christmas day

material (*materia*) = specifies the material an object is made of:

> *una casa **di** mattoni*; *un foglio **di** carta*
> a brick house (a house of brick); a sheet of paper

partitive (*partitivo* → 2.2) = indicates the total, of which only a part is taken into consideration; it may follow a cardinal number or an indefinite:

> *uno **di** noi*; *nessuno **dei** ragazzi*
> one of us; none of the boys

place (*luogo*) = indicates origin:

> *Sono **di** Milano*; *La mia famiglia è originaria **della** Sicilia*
> I am from Milan; My family comes from Sicily

time (*tempo*) = in some time expressions:

> *di notte/di giorno*; *di lunedì/di martedì*
> in the night/day; on Monday/on Tuesday

topic (*argomento*) = indicates the topic; may follow a noun or a verb:

> *un racconto **di** guerra*; *parlare **di** calcio*
> a war story; talking about football

■ **manner (*modo*)** = defines how an action is carried out:

> *Sono uscita **di** fretta/**di** corsa*
> I left in a hurry/hurriedly

■ **possession (*possesso*)** = indicates ownership of a previously mentioned object:

> *il cane **di** Mario; i giocattoli **dei** bambini*
> Mario's dog; the children's toys

■ **comparison (*paragone*)** = compares two or more elements (→ 1.2):

> *È più alto **di** me; Oggi ho lavorato più **di** ieri*
> He is taller than me; Today I worked harder than yesterday

■ **cause (*causa*)** = expresses a motive, a reason:

> *Sto morendo **di** fame/**di** sete/**di** sonno/**di** fatica*
> I am dying of hunger/thirst/I am dead tired

■ **age (*età*)** = indicates age:

> *una signora **di** sessant'anni/**di** mezza età*
> a sixty year old woman/a middle aged woman

■ ***a*** (***al***, ***allo***, ***alla***, ***all'***, ***ai***, ***agli***, ***alle***)

■ **destination (*termine*)** = defines the indirect object of the verb:

> *Dai questo libro **ai** ragazzi; Scriverà una lettera **alla** nonna*
> Give this book to the boys; He will write a letter to his grandmother

■ **place (*luogo*)** = indicates direction, or position:

> *Vado **a** casa; Vado **a** scuola; Andiamo **al** bar?*
> I am going home; I am going to school; Shall we go to the bar?
>
> *Sto **a** casa; Sono **a** letto; Vivo **a** Milano*
> I am at home; I am in bed; I live in Milan

■ **time (*tempo*)** = in some time expressions:

> *a 12 anni* [age]; *alle 2:00* [time]; *al mattino/al pomeriggio/alla sera*
> [part of the day]; *a gennaio* [months]; *a Natale* [anniversaries]
> at 12 years old; at two o'clock; in the morning/afternoon/evening; in
> January; at Christmas

■ **manner (*modo*)** = indicates how an action is carried out:

> *Non parlare a voce alta!*; *Camminava a fatica*
> Don't talk so loudly!; He walked with difficulty

da (*dal, dallo, dalla, dall', dai, dagli, dalle*)

■ **place (*luogo*)** = indicates the place of origin, or the direction, or
the route taken:

> *Vengo da Venezia* [origin]
> I am from Venice

> *Vado da Mario* [direction]
> I am going to Mario's

> *Sono entrato dalla finestra* [through]
> I came in through the window

Note! *Da* (+ article) is used to mean 'going to the ...' with proper
and common nouns and with personal pronouns (→ 1.1;2.1):

> *Vado da Susanna/dal panettiere*
> I am going to Susanna's/the baker's

> *Vado da lui/da lei/da loro*
> I am going to his/her/their house

■ **time (*tempo*)** = indicates a starting point or a duration:

> *da(l) lunedì*; *da gennaio*; *da Natale*; *dal giorno prima*
> from Monday; from January; from Christmas; since yesterday

> *Stanno lavorando dalle 10:00/da due ore*
> They have been working since 10 o'clock/for two hours

Note! *Da* is paired with *a* to indicate the moment or the place of
departure or arrival:

*Le banche sono aperte **dalle** 8:00 **alle** 13:00* [time]
The banks are open from eight o'clock to one o'clock

*Questa autostrada va **da** Milano **a** Torino* [place]
This motorway goes from Milan to Turin

■ **agent** (*agente*) = expresses the element that carries out the action in the passive voice (→ 1.1; 8.3):

*Questa torta è stata fatta **dalla** mamma; Il pacco è stato consegnato **dal** postino*
This cake was made by my mother; This parcel was delivered by the postman

■ **cause** (*causa*) = expresses a motive or a reason

*Urlava **dal** dolore; Moriva **dalla** curiosità*
He screamed with pain; He was dying of curiosity

■ *in* (*nel, nello, nella, nell', nei, negli, nelle*)

■ **place** (*luogo*) = indicates position (inside) and movement (into):

*I ragazzi giocano **in** cortile; Il cane è **nella** sua cuccia*
The boys play (are playing) in the courtyard; The dog is in his kennel

*Questa estate andremo **in** Sicilia; Vado sempre **in** montagna/**in** campagna/**in** collina* [but: *al mare*]
We are going to Sicily this Summer; I always go to the mountains/to the country/to the hills/to the seaside

■ **time** (*tempo*) = in some time expressions; it often means the same as *di* or *tra/fra*:

In estate [*d'estate*] *vado al mare; **Nel** mese di luglio compio gli anni; Sarò pronto **in** cinque minuti* [*tra/fra/entro cinque minuti*]
In summer I go to the seaside; My birthday is in July; I will be ready in five minutes

■ **means** (*mezzo*) = indicates the means of transport; it has the same meaning as *con* + article:

*Siamo venuti **in** treno/**in** auto* [*con il treno/con l'auto*]
We came by train/by car

manner (*modo*) = indicates how an action is carried out:

> *Eravamo tutti **in** fila per prendere il biglietto*; *Camminava **in** fretta*
> We were all queueing to buy a ticket; He was walking quickly

■ *con* (+ article)

company (*compagnia*) = with/to someone:

> *Mio fratello esce tutte le sere **con gli** amici*; *Sta parlando **con** Mario*
> My brother goes out every evening with his friends; He is talking to
> Mario

means (*mezzo*) = indicates the means of transport or the instrument:

> *Vado a scuola **con la** bicicletta* [*in bicicletta*]; *Taglia la torta **con il**
> coltello!*
> I go to school by bike; Cut the cake with the knife!

manner (*modo*) = indicates how an action is carried out:

> *Ha reagito **con** molta calma*; *Mario studia **con** diligenza*
> He reacted calmly; Mario studies hard

■ *su* (*sul*, *sullo*, *sulla*, *sull'*, *sui*, *sugli*, *sulle*)

place (*luogo*) = on or above or upwards:

> *Il televisore è **sul** tavolo*
> The television is on the table

> *Sali **sulla** scala per appendere il quadro!*
> Climb the stepladder to hang the picture!

topic (*argomento*) = the topic of conversation; sometimes similar
to *di*:

> *una conferenza **sui** problemi del terzo mondo*; *un documentario **sugli**
> animali*; *una notizia **sullo** sport* [more general than: *una notizia di
> sport* = an item of news about sport]
> a conference on the problems of the third world; a documentary on
> animals; sports news

■ **per** (+ article)

■ **place (*luogo*)** = through or towards:

> *Sono arrivata passando **per la** strada che mi hai indicato* [through]
> I came by the route you suggested
>
> *Abbiamo preso il treno **per** Roma alle 14:00* [towards]
> We took the train to Rome at two o'clock

■ **time (*tempo*)** = indicates the duration or the conclusion of an event:

> *Ho abitato a Roma **per** due anni*; *Starò via **per** due settimane* [duration]
> I have lived in Rome for two years; I will be away for two weeks
>
> *Voglio che tutto sia pronto **per la** fine della settimana/**per le** 18:00/**per** giovedì* [by a certain time]
> I want everything to be ready for the end of the week/by six o'clock/by Thursday

■ **cause and purpose (*causa e scopo*)** = expresses a motive, a reason, a purpose, a result or an objective:

> *Abbiamo fatto una festa **per il** suo compleanno*
> We gave a party for his/her birthday
>
> *Questo coltello serve **per il** pane*
> This knife is for cutting the bread

■ ***tra/fra*** (+ article)

■ **partitive (*partitivo*)** = indicates the whole, of which only a part is being considered:

> *Chi **tra/fra** voi è d'accordo?*; ***Tra/Fra** i suoi scolari alcuni sono molto intelligenti*
> Which of you agrees?; Amongst his pupils he has some very intelligent ones

■ **place (*luogo*)** = amongst, between:

> *C'è una casa **tra/fra** gli alberi*; *Siediti **tra/fra** Luca e Mario*
> There is a house amongst the trees; Sit between Luca and Mario

■ **time** (*tempo*) = in + a period of time:

> *Tornerò* **tra/fra** *quindici giorni/una settimana/due anni*
> I will be back in fifteen days/a week/two years

■ **relation** (*relazione*) = between, amongst:

> **Tra/Fra** *la pasta e il riso c'è molta differenza*; *Abbiamo discusso*
> **tra/fra** *noi*
> There is a big difference between pasta and rice; We have talked it
> over amongst ourselves

3. IMPROPER PREPOSITIONS • *PREPOSIZIONI IMPROPRIE*

When are they used?

The improper prepositions keep the original meaning of the word
they derive from (adverb → 6, noun, adjective, verb). Here are
some examples:

> *Pranziamo sempre* **prima delle** *12:00* [for example at 11:30]
> We always lunch before twelve o'clock

> *Pranziamo sempre* **dopo** *le 12:00* [for example at 12:30]
> We always lunch after twelve o'clock

> **Durante** *la lezione di matematica è svenuto*
> He fainted during the maths lesson

> *Il tetto è* **sopra** *la casa*; *Le suole sono* **sotto** *le scarpe*
> The roof is above the house; The soles are under the shoes

> *Mi aspettava* **dentro** *al bar*
> She was waiting for me in the bar

> *L'ultimo della fila è* **dietro a** *molte persone*; *Il primo della fila è*
> **davanti a** *molte persone*
> The last person in the queue is behind a lot of people; The first
> person in the queue is in front of a lot of people

> *Sei seduto* **davanti a/di fronte a** *me, quindi posso guardarti negli occhi*
> You are sitting in front of me, so I can look you in the eye

> *Roma è* **lontana da** *New York ma è* **vicina a** *Firenze*
> Rome is a long way from New York, but it is close to Florence

*Siediti **di fianco a**/**accanto a*** [*vicino a*] *Luca*
Sit next to/beside/near Luca

***Intorno alla** casa c'è un bel giardino*
Around the house there is a beautiful garden

*Ho abitato **presso di** lui* [*a casa sua*] *per un anno*
I lived with him [at his house] for a year

*Camminate **lungo** il fiume!* [*seguite il corso del fiume*]
Walk along the river! [follow the river]

*Vieni **verso di** me* [*avvicinati*], *ma non andare **oltre** il tavolo*
[*non superare il tavolo*]; *arriva **fino alla** sedia!* [*fermati quando
sei arrivato alla sedia*]
Come towards me, but don't go beyond the table; walk as far as the
chair!

*Lucio mangia il pollo **senza** le posate*
Lucio eats chicken without cutlery

*Sono andata a ballare **insieme a** Gianni* [*con Gianni*]
I went dancing with Gianni

*Non siamo usciti **a cause della** pioggia* [*perché pioveva*]
We didn't go out because of the rain/because it was raining

*Sono **a favore della** pena di morte* [*penso che sia giusta*]; *Sono
contro la pena di morte* [*penso che sia sbagliata*]; *Il mobile è **contro**
la parete* [*appoggiato alla parete*]
I am in favour of the death penalty [I think it is right]; I am against
the death penalty [I think it is wrong]; The furniture is against the
wall [positioned close to the wall]

*Ce l'ho fatta **per mezzo del**/**grazie al** [con l'aiuto del] suo intervento*
I managed it thanks to his help

***In base a**/**Secondo** quanto mi ha detto, posso partecipare al
concorso*; ***Secondo** me è un bel quadro!*
According to what he said, I can take part in the competition; In my
opinion it is a beautiful picture!

***A proposito di** calcio, avete visto la partita di domenica?* [the
conversation is about football in general and the person remembers
the match on Sunday]
Talking of football, did you see the match on Sunday?

5. VERBS

1. VERBS • *FORMA VERBALE*

What are they?

A verb is a variable word that indicates **actions**, **habits** or **phenomena**:

*Marco mi **ha scritto** una lettera*
Marco has written me a letter

*Luisa **dorme** ogni pomeriggio*
Luisa sleeps every afternoon

*Domani **pioverà***
It will rain tomorrow

A verb can also be used to introduce a **characteristic** or define a **property** or **feature**:

*Il nostro maestro **era** molto severo*
Our teacher was very severe

*Le giornate in estate **diventano** più lunghe*
The days get longer in summer

*Mia nonna da giovane **aveva** i capelli neri*
When she was young my grandmother had black hair/My grandmother used to have black hair when she was younger

*Marta **ha** una bella casa*
Marta has a lovely home

Verbs generally have a **subject** (*soggetto*) and can be followed by a variable number of **complements** (*complementi* → 8.2 The affirmative form). In particular the **object** (*complemento ogget-*

to) is the noun or pronoun that answers the question 'what?/who?' (*che cosa?/chi?*):

> *Andrea ha mangiato **un panino*** [*Andrea* = subject; *ha mangiato* = verb; (*che cosa?* = what?) *un panino* = object]
> Andrea has eaten a sandwich

> *Anna ha incontrato **Mario*** [*Anna* = subject; *ha incontrato* = verb; (*chi?* = who?) *Mario* = object]
> Anna has met Mario

■ Verbs that take an object are called **transitive** (*transitivi*), those without an object are called **intransitive** (*intransitivi*):

> *Mangiamo spesso pesce* [*mangiare*: transitive verb + object]
> We often eat fish

> *Sei arrivato appena in tempo* [*arrivare*: intransitive verb, no object]
> You have arrived just in time

■ The verb is in the **active voice** (*forma attiva*) when the subject carries out the action expressed by the verb:

> *Mario **ha scritto** una lettera*
> Mario has written a letter

> *I fedeli **hanno incontrato** il papa*
> The worshippers have met the Pope

■ It is in the **passive voice** (*forma passiva*) when the subject is the recipient of the action expressed by the verb:

> *La lettera **è stata scritta** da Mario*
> The letter was written by Mario

> *Il gruppo **è stato ricevuto** dal papa*
> The group was received by the Pope

■ Only **transitive verbs** can take the **passive voice**; the **object** of the active voice becomes the **subject** in the passive voice (→ 8.3):

> *Il postino ha consegnato **quel pacco*** [active voice]
> The postman delivered that parcel

Quel pacco è stato consegnato dal postino [passive voice]
That parcel was delivered by the postman

■ The **auxiliary verbs** (*verbi ausiliari* → 5.2) help other verbs to form the **compound tenses** and the **passive voice**. The auxiliary verbs are ***essere*** (to be) and ***avere*** (to have):

Sono andata al mare due volte quest'anno
I have been to the seaside twice this year

Avevamo scritto una lettera alla nonna
We had written a letter to grandmother

L'attrice famosa è stata fotografata dai suoi ammiratori
The famous actress was photographed by her fans

■ ***Essere*** and ***avere*** can also be used as **common verbs** meaning 'to be', 'to exist', 'to have a characteristic' (*essere*) and 'to possess' (*avere*):

Siamo in cucina; *Ci sono molte persone qui*; *È italiana*
We are in the kitchen; There are a lot of people here; She is Italian

Abbiamo un'auto
We have a car

The **reflexive verbs** (*verbi riflessivi*) express the actions carried out by the subject, which affect the subject himself. They are accompanied by **reflexive pronouns** (*pronomi riflessivi*: *mi, ti, si, ci, vi* → 3.1):

Io mi lavo, tu ti lavi, egli/ella/esso/essa si lava, noi ci laviamo, voi vi lavate, essi/esse si lavano
I wash myself, you wash yourself, he/she/it washes himself/herself/itself, we wash ourselves, you wash yourselves, they wash themselves

The reflexive pronoun can mean 'myself', 'yourself', etc. and be the object of the sentence (in this case the verb is called ***riflessivo proprio***), or it can indicate a generic relation with the subject, but not be the object of the sentence (the verb is called ***riflessivo apparente***), or have reciprocal value between people (***riflessivo reciproco***):

*Ogni mattina **mi pettino*** [= literally: I comb myself: *riflessivo proprio*]
Every morning I comb my hair

*Ogni mattina **mi lavo** i denti* [= I clean my own teeth: *riflessivo apparente*]
Every morning I clean my teeth

*Io e mio fratello **ci siamo salutati*** [= I greeted my brother and my brother greeted me: *riflessivo reciproco*]
My brother and I greeted each other

■ In certain apparently reflexive verbs (*arrabbiarsi* to get angry, *dimenticarsi* to forget, *svegliarsi* to wake up, *vergognarsi* to be ashamed, etc.) the pronoun has a purely **grammatical function** and does not refer to an individual. These are known as **improper reflexive verbs** (*riflessivi impropri*):

*Se Carlo **si arrabbia** siamo nei guai* [*riflessivo improprio*, it does not mean: If Carlo angers himself]
If Carlo gets angry we are in trouble

***Si addormenta** tardi e **si sveglia** presto* [*verbi riflessivi impropri*]
He goes to sleep late and he wakes early

What form do they take?

■ The verb has **simple tenses** (*tempi semplici*) and **compound tenses** (*tempi composti*):

***Vado** a fare la spesa tutte le mattine* [simple form]
I go shopping every morning

***È andato** a fare la spesa* [compound form: *è* (auxiliary) + *andato* (past participle)]
He has gone shopping

Note! When the verb *andare* (to go) precedes a verb in the infinitive it is always followed by the preposition *a*: *andare a* + infinitive.

■ In the simple form the verb is a single word composed of two parts: one part, the **root** (*radice*), is **invariable** and expresses the

meaning of the verb, the other, the **ending** (*desinenza*), is **variable** and changes according to the **mood**, the **tense,** the **person** and the **number** that the verb expresses:

Io parlo [**parl-** = root; *-o* = ending for indicative mood, present tense, first person singular]
I speak

Tu giocavi [**gioc-** = root; *-avi* = ending for indicative mood, past tense*, second person singular]
You played

Note! *The Italian tense *imperfetto* (*io giocavo, tu giocavi,* etc.) can be translated as the English **past tense** (I played, you played, etc.) or as **used to** (I used to play, you used to play, etc.).

The **active compound tenses** and all the **passive forms** are composed of an **auxiliary**, which expresses the mood, the tense, the person and the number, and by another element, the **past participle**, which expresses the meaning of the verb:

Avevamo [auxiliary = we; in the past] *ascoltato* [past participle]
We had listened

Avresti [auxiliary = you (sing.); in the past; perhaps] *ascoltato* [past participle]
You would have listened

È stato [auxiliary = he/it; in the past] *ascoltato* [past participle]
He/It has been listened to, He/It has been heard

Verbs are **regular** when the root remains the same throughout (→ 5.2), they are **irregular** when the root changes or the ending is different from other verbs in their conjugation group:

Io parlo, tu parli, egli/ella/esso/essa parla, noi parliamo, voi parlate, essi/esse parlano [regular verb]
I speak, you speak, he/she/it speaks, we speak, you speak, they speak

Io vado, tu vai, egli/ella/esso/essa va, noi andiamo, voi andate, essi/esse vanno [irregular verb]
I go, you go, he/she/it goes, we go, you go, they go

■ There are also **defective verbs** (*verbi difettivi*) which do not have all the forms (use a dictionary for information on these verbs):

prudere, *splendere* [these verbs do not have compound tenses]
to itch, to shine

bisognare, *urgere*, *vertere* [these verbs do not have a form for the first and second persons]
to be necessary, to be urgent, to concern/to be about

Where do they go?

■ With the **transitive verbs** the word order is generally fixed: **subject + verb (+ object)**:

Gianni scrive una lettera [the verb is transitive and goes after the subject]
Gianni writes a letter

■ Even with **intransitive verbs** the order is usually: **subject + verb**, but in some cases the word order can be changed:

Antonella corre volentieri [intransitive verb, fixed position after the subject]
Antonella enjoys running

Domani arriva Alfredo/Alfredo arriva domani [intransitive verb, position not fixed with respect to the subject]
Tomorrow Alfredo arrives/Alfredo arrives tomorrow

■ When the subject comes **after** an intransitive verb, **it must not be confused** with the object, even though it answers the question 'what?/who?' (*che cosa?/chi?*); the subject, unlike the object, carries out the action of the verb:

Ha telefonato Maria [*Ha telefonato* = verb; (*chi?*) *Maria* = subject]
Maria telephoned

Note! The Italian tense *passato prossimo* (*Io ho fatto*, etc.) can be translated by the English **simple past tense** (I did, etc.), or by the **present perfect tense** (I have done, etc.), according to whether the action is finished or not.

Unlike English, in Italian it is **not always necessary** to express the **subject** (→ 8.2 The affirmative form) of a verb. However, a pronoun can be used for maximum clarity:

Tu vieni?/Vieni?
Are you coming?

Venite anche voi?
Are you coming too? (pl.)

Ho sentito Giada e Corrado. Lei verrà perché ama i film d'amore, lui invece non potrà venire
I spoke to Giada and Corrado. She will come, because she likes romantic films, but he won't be able to come

Note! The verb *sentire* (to hear) is used colloquially to mean 'to telephone, to ask, to speak to, to consult someone'.

With verbs in the **gerund**, the **past participle** and the **infinitive** the subject is rarely expressed; when present, it goes after the verb:

Partecipando anche Sandro, saremo cinque in macchina
Since Sandro is coming too, there will be five of us in the car

Una volta arrivata Carla, possiamo partire
Once Carla arrives, we can leave

Parlare io in pubblico!? Non ci penso nemmeno!
Me speak in public!? I wouldn't dream of it!

Note! The verb *essere* + *in* is used to say how many people are in a group: *Siamo in cinque.* Literally, 'we are in five' and **not** *Ci sono cinque di noi*, 'there are five of us'.

According to the type of verb, the mood and the tense, the **personal pronouns** *mi, ti, si,* etc. (→ 3.1) can take different positions:

Andrea ti ha cercato
Andrea was looking for you

Non si sa ancora niente
There is no news yet

*Che cosa **ne** pensi?*
What do you think?

*Dim**melo** subito!*
Tell me immediately!

*Vedendo**ti**, non **ti** avevo riconosciuto*
When I saw you, I didn't recognise you

*Accorto**si** dell'errore, **si** è scusato*
Once he realised his mistake, he apologised

Lo** devi ascoltare/Devi ascoltar**lo
You must listen to him

Lo** devi sapere/Devi saper**lo
You must know

Vi** stavamo rispondendo/Stavamo rispondendo**vi
We were answering you

Si** comincia a sentire/Comincia a sentir**si
It is beginning to become evident

When are they used?

The **verb** is **a fundamental element in the sentence** (→ 8.1): whether expressed or not, it is always present. The verb is used to express the action carried out by the subject at a specific moment, or to introduce a situation.

Note! Some verbs (**modal** and **impersonal**) have different characteristics and uses.

■ ***Dovere*** 'must/to be obliged (to)', ***potere*** 'can/to be able to' and ***volere*** 'to want (to)' are called **modal verbs** (***verbi modali*** or ***verbi servili***). They have their **own meaning** (***significato proprio***), and when they are used before a verb in the infinitive they add this meaning of obligation (***dovere***), possibility (***potere***) or desire/willingness (***volere***), or they express a **supposition** or **deduction**:

*Ti **devo** 10 euro* [own meaning]
I owe you 10 Euro

*Verrei ma non **posso*** [own meaning]
I would like to come, but I can't

Vuoi un gelato? [own meaning]
Would you like an ice cream?

Vorrei venire [wish], *ma questa sera **devo** lavorare* [obligation] e
*non **posso** uscire* [impossibility]
I would like to come, but this evening I have to work and I can't go
out

*Chi ha suonato alla porta? **Dev'**essere il postino* [supposition], *di
solito arriva a quest'ora*
Who rang the doorbell? It must be the postman, he usually comes at
this time

■ The **impersonal verbs** (*verbi impersonali*) do not have a subject, that is they do not specify the element that carries out the action. They are always in the **third person singular**:

Piove: prendi l'ombrello!
It's raining: take an umbrella!

Succede sempre così!
It always happens!

■ Some verbs can **only be impersonal** (they indicate meteorolo-
gical conditions):

piovere = *piove, pioveva, pioverà*, etc.
to rain = it's raining, it was raining, it will rain, etc.

nevicare = *nevica, nevicava, nevicherà*, etc.
to snow = it's snowing, it was snowing, it will snow, etc.

grandinare = *grandina, grandinava, grandinerà*, etc.
to hail = it's hailing, it was hailing, it will hail/there will be a
hailstorm, etc.

fare bello/brutto/caldo/freddo, etc. = *fa, faceva, farà
bello/brutto/caldo/freddo*, etc.
to be good /bad/ hot/ cold weather, etc. = the weather is, was, will be
good/bad/hot/cold, etc.

■ Some verbs such as ***accadere*** (to happen), ***dispiacere*** (to re-
gret/to displease), ***importare*** (to matter/to be important), ***occor-
rere*** (to need), ***sembrare*** (to seem), ***succedere*** (to succeed) can
have an **impersonal form** and a **common form**; in the second

case they agree with the subject, which sometimes comes after the verb:

Accade sempre così [impersonal form]; ***Accadono*** *tante cose da queste parti* [common form]
It always happens; Lots of things happen around here

*Ci **dispiace** molto* [impersonal form]; *Certi comportamenti **dispiacciono** a molte persone* [common form]
We very much regret it/We are very sorry about this; Certain behaviour displeases a lot of people

*Non **importa**!* [impersonal form]; *Queste cose non **importano**!* [common form]
It doesn't matter; These things are not important

Occorre *dell'altro latte per fare la torta* [impersonal form]; *Questi attrezzi non **occorrono** più* [common form]
It takes more milk to make the cake; These tools are not needed any more

Sembra *che Mario parta domani* [impersonal form]; *Questi lavori non **sembrano** importanti* [common form]
It seems that Mario is leaving tomorrow; These jobs don't seem important

*Mi **succede** spesso di uscire senza chiavi* [impersonal form]; *Perché certe cose non **succedono** mai?* [common form]
I often go out without my keys (literally = It often happens to me to go out without my keys); Why do some things never happen?

■ Other **impersonal forms** are composed of: *essere* (to be) + **adjective** (→ 1.2):

*È **necessario** compilare questi documenti*
It is necessary to fill in these forms

*È **bello** che tu sia qui*
How nice that you are here

■ All the verbs can be constructed in the impersonal form using the *si* + **third person singular**:

*Si **dice** che sia un grande lavoratore* [the subject is generic, not specified]
It is said that he works hard

*Si **pensava** di andare in montagna domenica*
We were thinking of going to the mountains on Sunday

2. CONJUGATION • *CONIUGAZIONE*

What is it?

The verb has various forms that express the **mood** (*modo*), the **tense** (*tempo*) and the **person** (*persona*) that carries out the action. Together these forms express the **conjugation of the verb**.

■ In Italian there are **three regular conjugations**: the first (*prima coniugazione*) which includes all the regular verbs whose infinitive ends in **-are**, the second (*seconda coniugazione*) which includes all the regular verbs whose infinitive ends in **-ere**, and the third (*terza coniugazione*) which includes those whose infinitive ends in **-ire**:

> *parlare* [first conjugation]
> to speak
>
> *temere* [second conjugation]
> to fear
>
> *dormire* [third conjugation]
> to sleep

■ Some verbs have an infinitive which ends in **-arre**, **-orre**, **-urre**. These verbs follow the second conjugation:

> *trarre* [**-arre**: second conjugation]
> to draw (a conclusion)
>
> *comporre*, *proporre* [**-orre**: second conjugation]
> to compose, to propose
>
> *condurre*, *produrre* [**-urre**: second conjugation]
> to conduct, to produce

■ Italian has seven **moods**: four are **personal** (*modi finiti*) because they indicate the person who carries out the action (*indicativo* indicative, *congiuntivo* subjunctive, *condizionale* conditional and *imperativo* imperative) and three are **impersonal** (*modi non finiti* or *indefiniti*) because they do not indicate the person who carries out the action (*infinito* infinitive, *participio* participle and *gerundio* gerund).

■ The **tense** specifies the moment in which the action is carried out. The Italian verb tenses cover the **present**, the **past** and the **future**. Grammatically they are divided into **simple tenses** (*tempi semplici*), which have only one form, and **compound tenses** (*tempi composti*) formed of the **auxiliary** to be (*essere*) or to have (*avere*) + the **past participle** of the verb.

■ The **person** (which includes the distinction between **singular** or **plural**) indicates who is carrying out the action.

■ The indicative, subjunctive and conditional moods have **six** different forms for the person: the **first**, **second** and **third person singular** and the **first**, **second** and **third person plural**. They are used as shown below:

> *Io vivo in Italia* [*io* = first person singular]
> I live in Italy
>
> *Vivi in Italia?* [*tu* = second person singular]
> Do you live in Italy?
>
> *Vive in Italia* [*egli/ella/esso/essa* = third person singular]
> He/She/It lives in Italy
>
> *Viviamo in Italia* [*noi* = first person plural]
> We live in Italy
>
> *Vivete in Italia?* [*voi* = second person plural]
> Do you live in Italy?
>
> *Vivono in Italia* [*essi/esse* = third person plural]
> They live in Italy

■ The feminine third person singular form can be used as a **form of courtesy** when speaking to a male or female adult, with whom we have a formal relationship:

> *Lei, dottore, che cosa ne pensa?*
> What do you think, doctor?

■ The second person singular (*tu*) and third person plural (*essi*) forms can also be used to indicate a generic individual:

> *È sempre così: sei gentile* e *la gente se ne approfitta*
> It always happens: you behave politely and people take advantage

Hanno commesso un furto in banca [someone, unknown persons]
They've robbed the bank

■ The third person singular can be used with the **impersonal pronoun *si***:

*Se **si** vuole arrivare in tempo, bisogna partire subito*
In order to arrive on time, it is necessary to leave immediately

■ The **past participle** is the only verbal form that shows the **gender**:

Il ragazzo è andato al mercato; I ragazzi sono andati al mercato
The boy has gone to the market; The boys have gone to the market

La ragazza è andata al mercato; Le ragazze sono andate al mercato
The girl has gone to the market; The girls have gone to the market

Auxiliary verbs • *I verbi ausiliari*

In Italian the auxiliary verbs are ***essere*** (to be) and ***avere*** (to
have).

■ When the auxiliary verb is ***essere***, the **past participle** agrees in
gender and number with the **subject**. When the auxiliary verb is
avere, the past participle remains unchanged:

*Antonella e Daniela **sono** arrivate ieri*
Antonella and Daniela arrived yesterday

*Gianni e Carlo **sono** arrivati ieri*
Gianni and Carlo arrived yesterday

*Antonella **ha** mangiato una caramella*
Antonella has eaten a sweet

Note! If the object is a **personal pronoun** of the form *mi*, *ti*, etc.
(→ 3.1), the participle agrees with the object in gender and number:

*Hai letto la notizia? Sì, **l'**ho letta*
Have you read the news? Yes, I have (read it)

■ The auxiliary for all **transitive** and some **intransitive** verbs (*cam-*

minare to walk, *funzionare* to function/work, *rinunciare* to renounce/give up, *telefonare* to telephone, etc.) is **avere**:

> **Hanno** *comprato un libro* [transitive]
> They bought a book
>
> **Abbiamo** *bevuto dell'acqua* [transitive]
> We drank some water
>
> **Hanno** *appena telefonato*
> They have just phoned [intransitive]

- Most **common intransitive** verbs, **impersonal** verbs and **reflexive** verbs take the auxiliary **essere**:

> **Siamo** *andati al mare* [intransitive]
> We went to the seaside
>
> *Che cos'è successo?* [impersonal]
> What happened?
>
> *I bambini* **si sono** *lavati le mani prima di mangiare* [reflexive]
> The children washed their hands before eating

- The auxiliary verb for impersonal verbs that indicate **weather conditions** (*piovere* to rain, *nevicare* to snow, etc.) is **essere**:

> *Ieri* **è** *piovuto tutto il giorno* [also: **ha** *piovuto*]
> Yesterday it rained all day

- Some verbs such as **correre** (to run), **salire** (to ascend), **scendere** (to descend), etc. can take either the auxiliary **avere** or **essere**, with some differences in meaning:

> **Ho** *corso per due ore* [indicates duration: auxiliary *avere*]
> I have been running for two hours
>
> *Il ragazzo* **è** *corso a casa*
> The boy ran home
>
> **Abbiamo** *disceso la montagna* [transitive: auxiliary *avere*]; **Siamo** *discesi dalla montagna*
> We descended the mountain; We came down from the mountains

- The **modal verbs** take the auxiliary **avere** when they are used **alone**, when they are used with **a verb in the infinitive** they take

its auxiliary (although colloquially the auxiliary *avere* is frequently used):

> *Non sono andato perché non **ho** potuto*
> I didn't go because I couldn't

> *Non **sono** potuto andare dalla nonna* [*andare* takes the auxiliary *essere*]
> I wasn't able to go to grandmother's

The auxiliary verb of the **passive voice** is ***essere***:

> *L'università **ha** organizzato un convegno* [active voice]
> The university has organised a convention

> *Il convegno **è stato** organizzato dall'università* [passive voice]
> The convention has been organised by the university

In the simple forms of the passive voice it is possible to use the verb ***venire*** as an auxiliary; this makes it clear that we are describing an action and not a state or condition:

> *La porta **è** chiusa*
> The door is closed

> *La porta **viene** chiusa*
> The door is closed (by someone)/Someone closes the door

In the simple forms of the passive it is possible to use the auxiliary ***andare*** to indicate an action which must be taken:

> *La richiesta **andava** fatta per tempo*
> It was necessary to make the application quickly (within a deadline)

Note! The auxiliary ***andare*** may also indicate that it is not possible, or not desirable to attribute the responsibility of the action to a particular person:

> *I libri **furono** perduti* [it may have been an accident, or someone may be responsible]
> The books were lost

> *I libri **andarono** perduti* [it is not possible to attribute blame to anyone in particular]
> The books were lost

Il modo indicativo • The indicative mood

What form does it take?

The indicative mood comprises **eight tenses**: four simple tenses (***presente*** present, ***imperfetto*** imperfect, ***passato remoto*** past simple and ***futuro semplice*** future simple) and four compound tenses (***passato prossimo*** present perfect, ***trapassato prossimo*** past perfect, ***trapassato remoto***: no equivalent in English, translated using the past perfect, and ***futuro anteriore*** future perfect).

I verbi ausiliari • Auxiliary verbs

Essere To be

Tempi semplici Simple tenses

Presente Present	**Imperfetto** Imperfect
Io sono	*Io ero*
Tu sei	*Tu eri*
Egli è	*Egli era*
Noi siamo	*Noi eravamo*
Voi siete	*Voi eravate*
Essi sono	*Essi erano*

Passato remoto Past simple	**Futuro semplice** Future simple
Io fui	*Io sarò*
Tu fosti	*Tu sarai*
Egli fu	*Egli sarà*
Noi fummo	*Noi saremo*
Voi foste	*Voi sarete*
Essi furono	*Essi saranno*

Tempi composti Compound tenses

Passato prossimo Present perfect	**Trapassato prossimo** Past perfect
Io sono stato	*Io ero stato*
Tu sei stato	*Tu eri stato*
Egli è stato	*Egli era stato*
Noi siamo stati	*Noi eravamo stati*
Voi siete stati	*Voi eravate stati*
Essi sono stati	*Essi erano stati*

Trapassato remoto Past perfect	**Futuro anteriore** Future perfect
Io fui stato	*Io sarò stato*
Tu fosti stato	*Tu sarai stato*
Egli fu stato	*Egli sarà stato*
Noi fummo stati	*Noi saremo stati*
Voi foste stati	*Voi sarete stati*
Essi furono stati	*Essi saranno stati*

Note! The **compound tenses** of the verb **essere** are conjugated with the auxiliary verb **essere**.

Avere To have

Tempi semplici Simple tenses

Presente Present	**Imperfetto** Imperfect
Io ho	*Io avevo*
Tu hai	*Tu avevi*
Egli ha	*Egli aveva*
Noi abbiamo	*Noi avevamo*
Voi avete	*Voi avevate*
Essi hanno	*Essi avevano*
Passato remoto Past simple	**Futuro semplice** Future simple
Io ebbi	*Io avrò*
Tu avesti	*Tu avrai*
Egli ebbe	*Egli avrà*
Noi avemmo	*Noi avremo*
Voi aveste	*Voi avrete*
Essi ebbero	*Essi avranno*

Tempi composti Compound tenses

Passato prossimo Present perfect	**Trapassato prossimo** Past perfect
Io ho avuto	*Io avevo avuto*
Tu hai avuto	*Tu avevi avuto*
Egli ha avuto	*Egli aveva avuto*
Noi abbiamo avuto	*Noi avevamo avuto*
Voi avete avuto	*Voi avevate avuto*
Essi hanno avuto	*Essi avevano avuto*

Trapassato remoto Past perfect	**Futuro anteriore** Future perfect
Io ebbi avuto	*Io avrò avuto*
Tu avesti avuto	*Tu avrai avuto*
Egli ebbe avuto	*Egli avrà avuto*
Noi avemmo avuto	*Noi avremo avuto*
Voi aveste avuto	*Voi avrete avuto*
Essi ebbero avuto	*Essi avranno avuto*

Verbi regolari • Regular verbs

■ Regular verbs of the first conjugation **prima coniugazione** (infinitive ending in **-are**, e.g. **parlare**):

Parlare To speak

Tempi semplici

Presente	**Imperfetto**
Io parlo	*Io parlavo*
Tu parli	*Tu parlavi*
Egli parla	*Egli parlava*
Noi parliamo	*Noi parlavamo*
Voi parlate	*Voi parlavate*
Essi parlano	*Essi parlavano*

Passato remoto	**Futuro semplice**
Io parlai	*Io parlerò*
Tu parlasti	*Tu parlerai*
Egli parlò	*Egli parlerà*
Noi parlammo	*Noi parleremo*
Voi parlaste	*Voi parlerete*
Essi parlarono	*Essi parleranno*

Tempi composti

Passato prossimo	**Trapassato prossimo**
Io ho parlato	*Io avevo parlato*
Tu hai parlato	*Tu avevi parlato*
Egli ha parlato	*Egli aveva parlato*
Noi abbiamo parlato	*Noi avevamo parlato*
Voi avete parlato	*Voi avevate parlato*
Essi hanno parlato	*Essi avevano parlato*

Trapassato remoto	*Futuro anteriore*
Io ebbi parlato	*Io avrò parlato*
Tu avesti parlato	*Tu avrai parlato*
Egli ebbe parlato	*Egli avrà parlato*
Noi avemmo parlato	*Noi avremo parlato*
Voi aveste parlato	*Voi avrete parlato*
Essi ebbero parlato	*Essi avranno parlato*

Regular verbs of the second conjugation **seconda coniugazione**
(infinitive ending in **-ere**, e.g. **temere**):

Temere To fear

Tempi semplici

Presente	**Imperfetto**
Io temo	*Io temevo*
Tu temi	*Tu temevi*
Egli teme	*Egli temeva*
Noi temiamo	*Noi temevamo*
Voi temete	*Voi temevate*
Essi temono	*Essi temevano*

Passato remoto	**Futuro semplice**
Io temei/temetti	*Io temerò*
Tu temesti	*Tu temerai*
Egli temé/temette	*Egli temerà*
Noi tememmo	*Noi temeremo*
Voi temeste	*Voi temerete*
Essi temerono/temettero	*Essi temeranno*

Tempi composti

Passato prossimo	**Trapassato prossimo**
Io ho temuto	*Io avevo temuto*
Tu hai temuto	*Tu avevi temuto*
Egli ha temuto	*Egli aveva temuto*
Noi abbiamo temuto	*Noi avevamo temuto*
Voi avete temuto	*Voi avevate temuto*
Essi hanno temuto	*Essi avevano temuto*

Trapassato remoto	Futuro anteriore
Io ebbi temuto	*Io avrò temuto*
Tu avesti temuto	*Tu avrai temuto*
Egli ebbe temuto	*Egli avrà temuto*
Noi avemmo temuto	*Noi avremo temuto*
Voi aveste temuto	*Voi avrete temuto*
Essi ebbero temuto	*Essi avranno temuto*

■ Regular verbs of the third conjugation *terza coniugazione* (infinitive ending in *-ire*, e.g. *dormire*, *finire*):

Dormire To sleep

Tempi semplici

Presente	Imperfetto
Io dormo	*Io dormivo*
Tu dormi	*Tu dormivi*
Egli dorme	*Egli dormiva*
Noi dormiamo	*Noi dormivamo*
Voi dormite	*Voi dormivate*
Essi dormono	*Essi dormivano*

Passato remoto	Futuro semplice
Io dormii	*Io dormirò*
Tu dormisti	*Tu dormirai*
Egli dormì	*Egli dormirà*
Noi dormimmo	*Noi dormiremo*
Voi dormiste	*Voi dormirete*
Essi dormirono	*Essi dormiranno*

Tempi composti

Passato prossimo	Trapassato prossimo
Io ho dormito	*Io avevo dormito*
Tu hai dormito	*Tu avevi dormito*
Egli ha dormito	*Egli aveva dormito*
Noi abbiamo dormito	*Noi avevamo dormito*
Voi avete dormito	*Voi avevate dormito*
Essi hanno dormito	*Essi avevano dormito*

Trapassato remoto

Io ebbi dormito
Tu avesti dormito
Egli ebbe dormito
Noi avemmo dormito
Voi aveste dormito
Essi ebbero dormito

Futuro anteriore

Io avrò dormito
Tu avrai dormito
Egli avrà dormito
Noi avremo dormito
Voi avrete dormito
Essi avranno dormito

Finire To finish

Tempi semplici

Presente

Io finisco
Tu finisci
Egli finisce
Noi finiamo
Voi finite
Essi finiscono

Imperfetto

io finivo
Tu finivi
Egli finiva
Noi finivamo
Voi finivate
Essi finivano

Passato remoto

Io finii
Tu finisti
Egli finì
Noi finimmo
Voi finiste
Essi finirono

Futuro semplice

Io finirò
Tu finirai
Egli finirà
Noi finiremo
Voi finirete
Essi finiranno

Tempi composti

Passato prossimo

Io ho finito
Tu hai finito
Egli ha finito
Noi abbiamo finito
Voi avete finito
Essi hanno finito

Trapassato prossimo

Io avevo finito
Tu avevi finito
Egli aveva finito
Noi avevamo finito
Voi avevate finito
Essi avevano finito

Trapassato remoto

Io ebbi finito
Tu avesti finito
Egli ebbe finito
Noi avemmo finito
Voi aveste finito
Essi ebbero finito

Futuro anteriore

Io avrò finito
Tu avrai finito
Egli avrà finito
Noi avremo finito
Voi avrete finito
Essi avranno finito

■ *Forma passiva* (**passive voice**) of the regular and irregular verbs:

Amare To love

Tempi semplici

Presente	Imperfetto
Io sono amato	*Io ero amato*
Passato remoto	**Futuro semplice**
Io fui amato	*Io sarò amato*

Tempi composti

Passato prossimo	Trapassato prossimo
Io sono stato amato	*Io ero stato amato*
Trapassato remoto	**Futuro anteriore**
Io fui stato amato	*Io sarò stato amato*

Verbi irregolari • Irregular verbs

The **simple tenses** of some of the principal irregular verbs are shown below. The **compound tenses** of the irregular verbs behave like those of the regular verbs (auxiliary *essere* or *avere* + past participle).
For each of the personal moods (*modi finiti*) only the first person singular of the compound tenses is shown (use a dictionary to find the conjugation of the irregular verbs).

■ Irregular verbs ending in *-are*:

Andare To go

Tempi semplici

Presente	Imperfetto
Io vado	*Io andavo*
Tu vai	*Tu andavi*
Egli va	*Egli andava*

Noi andiamo
Voi andate
Essi vanno

Noi andavamo
Voi andavate
Essi andavano

Passato remoto

Futuro semplice

Io andai
Tu andasti
Egli andò
Noi andammo
Voi andaste
Essi andarono

Io andrò
Tu andrai
Egli andrà
Noi andremo
Voi andrete
Essi andranno

Tempi composti

Passato prossimo
Io sono andato

Trapassato prossimo
Io ero andato

Trapassato remoto
Io fui andato

Futuro anteriore
Io sarò andato

Dare To give

Tempi semplici

Presente

Imperfetto

Io do
Tu dai
Egli dà
Noi diamo
Voi date
Essi danno

Io davo
Tu davi
Egli dava
Noi davamo
Voi davate
Essi davano

Passato remoto

Futuro semplice

Io diedi/detti
Tu desti
Egli diede/dette
Noi demmo
Voi deste
Essi diedero/dettero

Io darò
Tu darai
Egli darà
Noi daremo
Voi darete
Essi daranno

Tempi composti

Passato prossimo
Io ho dato

Trapassato prossimo
Io avevo dato

Trapassato remoto	Futuro anteriore
Io ebbi dato	Io avrò dato

Fare To do

Tempi semplici

Presente	Imperfetto
Io faccio	Io facevo
Tu fai	Tu facevi
Egli fa	Egli faceva
Noi facciamo	Noi facevamo
Voi fate	Voi facevate
Essi fanno	Essi facevano

Passato remoto	Futuro semplice
Io feci	Io farò
Tu facesti	Tu farai
Egli fece	Egli farà
Noi facemmo	Noi faremo
Voi faceste	Voi farete
Essi fecero	Essi faranno

Tempi composti

Passato prossimo	Trapassato prossimo
Io ho fatto	Io avevo fatto

Trapassato remoto	Futuro anteriore
Io ebbi fatto	Io avrò fatto

■ Irregular verbs ending in **-ere**:

Chiudere To close

Tempi semplici

Presente	Imperfetto
Io chiudo	Io chiudevo
Tu chiudi	Tu chiudevi
Egli chiude	Egli chiudeva
Noi chiudiamo	Noi chiudevamo
Voi chiudete	Voi chiudevate
Essi chiudono	Essi chiudevano

Passato remoto	Futuro semplice
Io chiusi	Io chiuderò
Tu chiudesti	Tu chiuderai
Egli chiuse	Egli chiuderà
Noi chiudemmo	Noi chiuderemo
Voi chiudeste	Voi chiuderete
Essi chiusero	Essi chiuderanno

Tempi composti

Passato prossimo	Trapassato prossimo
Io ho chiuso	Io avevo chiuso
Trapassato remoto	**Futuro anteriore**
Io ebbi chiuso	Io avrò chiuso

Note! *Chiudere* is irregular only in the past simple indicative mood *passato remoto indicativo* (in the first and third persons singular and in the third person plural) and in the past participle *participio passato* (and therefore in all the compound tenses). The following verbs behave in the same way: *accendere* (to light), *correre* (to run), *crescere* (to grow), *decidere* (to decide), *discutere* (to discuss), *dividere* (to divide), *leggere* (to read), *mettere* (to put), *muovere* (to move), *nascere* (to be born), *nascondere* (to hide), *offendere* (to offend), *piangere* (to cry), *prendere* (to take), *ridere* (to laugh), *risolvere* (to resolve), *rispondere* (to respond/to answer), *rompere* (to break), *scrivere* (to write), *spendere* (to spend), *succedere* (to happen), *trascorrere* (to spend/to pass (time), *uccidere* (to kill), *vincere* (to win).

Sapere To know

Tempi semplici

Presente	Imperfetto
Io so	Io sapevo
Tu sai	Tu sapevi
Egli sa	Egli sapeva
Noi sappiamo	Noi sapevamo
Voi sapete	Voi sapevate
Essi sanno	Essi sapevano

Passato remoto	Futuro semplice
Io seppi	*Io saprò*
Tu sapesti	*Tu saprai*
Egli seppe	*Egli saprà*
Noi sapemmo	*Noi sapremo*
Voi sapeste	*Voi saprete*
Essi seppero	*Essi sapranno*

Tempi composti

Passato prossimo	Trapassato prossimo
Io ho saputo	*Io avevo saputo*

Trapassato remoto	Futuro anteriore
Io ebbi saputo	*Io avrò saputo*

Vedere To see

Tempi semplici

Presente	Imperfetto
Io vedo	*Io vedevo*
Tu vedi	*Tu vedevi*
Egli vede	*Egli vedeva*
Noi vediamo	*Noi vedevamo*
Voi vedete	*Voi vedevate*
Essi vedono	*Essi vedevano*

Passato remoto	Futuro semplice
Io vidi	*Io vedrò*
Tu vedesti	*Tu vedrai*
Egli vide	*Egli vedrà*
Noi vedemmo	*Noi vedremo*
Voi vedeste	*Voi vedrete*
Essi videro	*Essi vedranno*

Tempi composti

Passato prossimo	Trapassato prossimo
Io ho visto	*Io avevo visto*

Trapassato remoto	Futuro anteriore
Io ebbi visto	*Io avrò visto*

Irregular verbs ending in **-ire**:

Aprire To open

Tempi semplici

Presente	**Imperfetto**
Io apro	Io aprivo
Passato remoto	**Futuro semplice**
Io aprii	Io aprirò

Tempi composti

Passato prossimo	**Trapassato prossimo**
Io ho aperto	Io avevo aperto
Trapassato remoto	**Futuro anteriore**
Io ebbi aperto	Io avrò aperto

Note! *Aprire* (to open), *coprire* (to cover), *offrire* (to offer), etc. are irregular **only** in the past participle *participio passato*, and therefore in the compound tenses of all the moods.

Uscire To exit/to go out

Tempi semplici

Presente	**Imperfetto**
Io esco	Io uscivo
Tu esci	Tu uscivi
Egli esce	Egli usciva
Noi usciamo	Noi uscivamo
Voi uscite	Voi uscivate
Essi escono	Essi uscivano
Passato remoto	**Futuro semplice**
Io uscii	Io uscirò
Tu uscisti	Tu uscirai
Egli uscì	Egli uscirà
Noi uscimmo	Noi usciremo
Voi usciste	Voi uscirete
Essi uscirono	Essi usciranno

Tempi composti

Passato prossimo	**Trapassato prossimo**
Io sono uscito	Io ero uscito

Trapassato remoto	Futuro anteriore
Io fui uscito	*Io sarò uscito*

Venire To come

Tempi semplici

Presente	Imperfetto
Io vengo	*Io venivo*
Tu vieni	*Tu venivi*
Egli viene	*Egli veniva*
Noi veniamo	*Noi venivamo*
Voi venite	*Voi venivate*
Essi vengono	*Essi venivano*

Passato remoto	Futuro semplice
Io venni	*Io verrò*
Tu venisti	*Tu verrai*
Egli venne	*Egli verrà*
Noi venimmo	*Noi verremo*
Voi veniste	*Voi verrete*
Essi vennero	*Essi verranno*

Tempi composti

Passato prossimo	Trapassato prossimo
Io sono venuto	*Io ero venuto*

Trapassato remoto	Futuro anteriore
Io fui venuto	*Io sarò venuto*

Verbi riflessivi • Reflexive verbs

■ They are conjugated according to their conjugation group (*-are*, *-ere*, *-ire*):

Lavarsi To wash oneself

Tempi semplici

Presente	Imperfetto
Io mi lavo	*Io mi lavavo*
Tu ti lavi	*Tu ti lavavi*
Egli si lava	*Egli si lavava*

Noi ci laviamo	*Noi ci lavavamo*
Voi vi lavate	*Voi vi lavavate*
Essi si lavano	*Essi si lavavano*

Passato remoto	**Futuro semplice**
Io mi lavai	*Io mi laverò*
Tu ti lavasti	*Tu ti laverai*
Egli si lavò	*Egli si laverà*
Noi ci lavammo	*Noi ci laveremo*
Voi vi lavaste	*Voi vi laverete*
Essi si lavarono	*Essi si laveranno*

Tempi composti

Passato prossimo	**Trapassato prossimo**
Io mi sono lavato	*Io mi ero lavato*

Trapassato remoto	**Futuro anteriore**
Io mi fui lavato	*Io mi sarò lavato*

Verbi modali • Modal verbs

Dovere Must/to be obliged (to)

Tempi semplici

Presente	**Imperfetto**
Io devo	*Io dovevo*
Tu devi	*Tu dovevi*
Egli deve	*Egli doveva*
Noi dobbiamo	*Noi dovevamo*
Voi dovete	*Voi dovevate*
Essi devono	*Essi dovevano*

Passato remoto	**Futuro semplice**
Io dovetti	*Io dovrò*
Tu dovesti	*Tu dovrai*
Egli dovette	*Egli dovrà*
Noi dovemmo	*Noi dovremo*
Voi doveste	*Voi dovrete*
Essi dovettero	*Essi dovranno*

Tempi composti

Passato prossimo	**Trapassato prossimo**
Io ho dovuto	*Io avevo dovuto*

Trapassato remoto	Futuro anteriore
Io ebbi dovuto	*Io avrò dovuto*

Potere Can/to be able to

Tempi semplici

Presente	Imperfetto
Io posso	*Io potevo*
Tu puoi	*Tu potevi*
Egli può	*Egli poteva*
Noi possiamo	*Noi potevamo*
Voi potete	*Voi potevate*
Essi possono	*Essi potevano*

Passato remoto	Futuro semplice
Io potei	*Io potrò*
Tu potesti	*Tu potrai*
Egli poté	*Egli potrà*
Noi potemmo	*Noi potremo*
Voi poteste	*Voi potrete*
Essi poterono	*Essi potranno*

Tempi composti

Passato prossimo	Trapassato prossimo
Io ho potuto	*Io avevo potuto*

Trapassato remoto	Futuro anteriore
Io ebbi potuto	*Io avrò potuto*

Volere To want (to)

Tempi semplici

Presente	Imperfetto
Io voglio	*Io volevo*
Tu vuoi	*Tu volevi*
Egli vuole	*Egli voleva*
Noi vogliamo	*Noi volevamo*
Voi volete	*Voi volevate*
Essi vogliono	*Essi volevano*

Passato remoto	Futuro semplice
Io volli	*Io vorrò*
Tu volesti	*Tu vorrai*
Egli volle	*Egli vorrà*
Noi volemmo	*Noi vorremo*
Voi voleste	*Voi vorrete*
Essi vollero	*Essi vorranno*

Tempi composti

Passato prossimo	Trapassato prossimo
Io ho voluto	*Io avevo voluto*
Trapassato remoto	**Futuro anteriore**
Io ebbi voluto	*Io avrò voluto*

When is it used?

The indicative *indicativo* is the mood generally used to express **facts**.

The present *presente* is used to express **actions** or **events** that are happening **while we are speaking** or which are **habitual** or are a **reality** or a **truth**; it is also used in **narration** (journalists often use the present tense to tell a story):

*Che cosa **fai**? **Mangio** una mela* [now: at this moment in time]
What are you doing? I am eating an apple

***Mangio** sempre un panino a pranzo* [habitual action]
I always eat a sandwich for lunch

*Il cielo **è** azzurro; Roma **è** la capitale d'Italia* [known facts]
The sky is blue; Rome is the capital of Italy

*Roma, 15 agosto 2000. Il ladro **entra** nella banca, **ruba** il denaro e **scappa** senza lasciare traccia* [narration]
Rome, August 15th 2000. The thief enters the bank, steals the money and runs away without leaving any clues

The *presente* can also be used **to express facts that will occur in the future** (in this case a time expression generally shows that we are talking about a future event), or **to give an order**:

Vengo domani [future]
I will come/arrive tomorrow

*Anna e Mario **si sposano** l'anno prossimo* [future]
Anna and Mario are getting married next year

*Adesso **ti vesti** e **usciamo**!* [order]
Get dressed now, we are going out!

■ The imperfect *imperfetto* is used to express **habits**, **conditions** or **truths that were valid in the past**, but which are not valid at present. It describes an action in the past which **continued for a certain amount of time**, or an action in the past which includes the idea of **repetition**. It can therefore be used to describe the **background** to facts that we are talking about:

*Da giovane **facevo** un'ora di ginnastica tutti i giorni* [past habit]
When I was young I did an hour's gymnastics every day/When I was young I used to do an hour's gymnastics every day

*Ieri Gianna **aveva** mal di testa* [condition in the past]
Gianna had a headache yesterday

*Un tempo **circolavano** meno automobili* [truth valid in the past]
Once there were fewer cars on the roads/Once there used to be fewer cars on the road

*Mentre **giocavi** io **lavoravo*** [you continued to play, I continued to work]
While you played I worked/You used to play while I worked

*Mentre **attraversavo** la strada, ho sentito un clacson* [background]
As I was crossing the road, I heard a car horn

Note! The *imperfetto* **cannot be used** with expressions that indicate the **duration** of an action or the **number of times** it was repeated:

Ieri ho camminato a lungo [and not: *Ieri camminavo a lungo*]
I walked for ages yesterday

Sono stato al mare solo due volte [and not: *Stavo al mare solo due volte*]
I have only been to the seaside twice

■ The *indicativo imperfetto* is sometimes used **instead of the conditional** and **the subjunctive** when speaking, especially in sentences that indicate possible events, which did not happen (however it is advisable to use the subjunctive and the conditional). It may also be used as a **form of courtesy** to express requests politely:

Dovevi vedere che bello spettacolo! [but you didn't see it; better to use: *avresti dovuto*]
You should have seen what a splendid sight!

Se gliene parlavi prima forse poteva aiutarti [but you didn't mention it and he wasn't able to help you; better to use: *Se gliene avessi parlato prima forse avrebbe potuto aiutarti*]
If you had mentioned it to him earlier perhaps he would have been able to help you

Volevo due etti di prosciutto crudo [courtesy form; better to use: *vorrei*]
I would like a quarter of Parma ham

■ The past simple tense *passato remoto* indicates **events** which happened in the past, generally some time ago, and **which do not have links with the present**. It is often used in historical accounts or novels:

La second guerra mondiale scoppiò nel 1938
The second world war broke out in 1938

Il principe e la ballerina si sposarono e vissero felici e contenti
The prince and the dancer married and lived happily ever after

Note! Nowadays the *passato remoto* is **rarely used** when speaking. It is replaced by the *passato prossimo*:

Un anno fa andai/sono andato a Venezia
A year ago I went to Venice

■ The future simple *futuro semplice* is used to express **actions** or **events** which will happen **in a future moment**:

Fra tre ore mi trasferirò
In three hours time I will move out

Le prossime olimpiadi si svolgeranno fra quattro anni
The next Olympic Games will take place in four years time

Partiremo domani
We will leave tomorrow

Note! In everyday speech this tense is often **replaced** by the *presente*:

Partiremo/Partiamo domani
We will leave/We are leaving/We leave tomorrow

■ The *futuro semplice* can also be used to express a **supposition**, a **theory**:

*Sono le 2:00, ormai **staranno** mangiando* [they are probably eating]
It's two o'clock, they will be eating

***Sarà** vero* [perhaps it is true]*, ma ho difficoltà a crederci*
It may be true, but I find it difficult to believe

■ The present perfect *passato prossimo* (present tense of the auxiliary + past participle) expresses an **action** which took place in the **past**, but whose **effect is still felt in the present**. It is often used instead of the *passato remoto*:

*Perché hai lo zaino? Perché **sono andato** a scuola*
Why have you got your school bag with you? Because I have been to school

Note! 'Why' and 'because' are both translated as *perché*.

■ The *passato prossimo* can be used to indicate an **event** that occurs before another, even when these are not in the past:

*Quando **ha raggiunto** i cento gradi* [every time, after reaching 100° C]*, l'acqua comincia a bollire*
When it has reached 100° C, the water begins to boil

*Appena **ho finito** il trasloco* [in the future, after I have moved house]*, ti invito a cena*
As soon as I have moved house, I will invite you to dinner

■ The past perfect *trapassato prossimo* (imperfect tense of the auxiliary + past participle) indicates **past events** which happened **before another event**, often expressed **in the past**:

Quando Gianni arrivò [past action]*, Maria **aveva già preparato** la cena* [before Gianni arrived]
When Gianni arrived home, Maria had already prepared the dinner

■ The past perfect *trapassato remoto* (past simple tense of the auxiliary + past participle) indicates **past events** which occurred **before another event in the past**:

> *Non appena **ebbe finito** il lavoro uscì dall'ufficio*
> As soon as he had finished the work, he left the office

■ The future perfect *futuro anteriore* (future tense of the auxiliary + past participle) is used to express **future events** which will occur **before another event** or **a specified moment in the future**:

> *Quando **avrai compiuto** 18 anni, potrai prendere la patente*
> When you are 18 years old you will be able to apply for a driving licence

> *Fra due ore **avremo finito** di dipingere la tua stanza*
> In two hours we will have finished painting your room

■ The *futuro anteriore* can also be used to express a **supposition**, a **theory**:

> *Ormai **avranno finito** i lavori* [they have probably finished the work]
> By now they will have finished the work

Il modo congiuntivo • The subjunctive mood

What form does it take?

It includes **four tenses**: two simple tenses (*presente* and *imperfetto*) and two compound tenses (*passato* and *trapassato*).

Verbi ausiliari • Auxiliary verbs

Essere To be

Tempi semplici

Presente	Imperfetto
Che io sia	Che io fossi
Che tu sia	Che tu fossi
Che egli sia	Che egli fosse
Che noi siamo	Che noi fossimo
Che voi siate	Che voi foste
Che essi siano	Che essi fossero

Tempi composti

Passato	Trapassato
Che io sia stato	*Che io fossi stato*
Che tu sia stato	*Che tu fossi stato*
Che egli sia stato	*Che egli fosse stato*
Che noi siamo stati	*Che noi fossimo stati*
Che voi siate stati	*Che voi foste stati*
Che essi siano stati	*Che essi fossero stati*

Avere To have

Tempi semplici

Presente	Imperfetto
Che io abbia	*Che io avessi*
Che tu abbia	*Che tu avessi*
Che egli abbia	*Che egli avesse*
Che noi abbiamo	*Che noi avessimo*
Che voi abbiate	*Che voi aveste*
Che essi abbiano	*Che essi avessero*

Tempi composti

Passato	Trapassato
Che io abbia avuto	*Che io avessi avuto*
Che tu abbia avuto	*Che tu avessi avuto*
Che egli abbia avuto	*Che egli avesse avuto*
Che noi abbiamo avuto	*Che noi avessimo avuto*
Che voi abbiate avuto	*Che voi aveste avuto*
Che essi abbiano avuto	*Che essi avessero avuto*

Verbi regolari • Regular verbs

■ Regular verbs of the first conjugation *prima coniugazione* (infinitive ending in *-are*, e.g. *parlare*):

Parlare To speak

Tempi semplici

Presente	Imperfetto
Che io parli	*Che io parlassi*
Che tu parli	*Che tu parlassi*
Che egli parli	*Che egli parlasse*

*Che noi parl**iamo***   *Che noi parl**assimo***
*Che voi parl**iate***   *Che voi parl**aste***
*Che essi parl**ino***   *Che essi pàrl**assero***

Tempi composti

Passato	Trapassato
*Che io abbia parl**ato***	*Che io avessi parlato*
Che tu abbia parlato	*Che tu avessi parlato*
Che egli abbia parlato	*Che egli avesse parlato*
Che noi abbiamo parlato	*Che noi avessimo parlato*
Che voi abbiate parlato	*Che voi aveste parlato*
Che essi abbiano parlato	*Che essi avessero parlato*

■ Regular verbs of the second conjugation *seconda coniugazione* (infinitive ending in *-ere*, e.g. *temere*):

Temere To fear

Tempi semplici

Presente	Imperfetto
*Che io tem**a***	*Che io tem**essi***
*Che tu tem**a***	*Che tu tem**essi***
*Che egli tem**a***	*Che egli tem**esse***
*Che noi tem**iamo***	*Che noi tem**essimo***
*Che voi tem**iate***	*Che voi tem**este***
*Che essi tem**ano***	*Che essi tem**essero***

Tempi composti

Passato	Trapassato
*Che io abbia tem**uto***	*Che io avessi temuto*
Che tu abbia temuto	*Che tu avessi temuto*
Che egli abbia temuto	*Che egli avesse temuto*
Che noi abbiamo temuto	*Che noi avessimo temuto*
Che voi abbiate temuto	*Che voi aveste temuto*
Che essi abbiano temuto	*Che essi avessero temuto*

■ Regular verbs of the third conjugation *terza coniugazione* (infinitive ending in *-ire*, e.g. *dormire*, *finire*):

Dormire To sleep

Tempi semplici

Presente	Imperfetto
Che io dorma	Che io dormissi
Che tu dorma	Che tu dormissi
Che egli dorma	Che egli dormisse
Che noi dormiamo	Che noi dormissimo
Che voi dormiate	Che voi dormiste
Che essi dormano	Che essi dormissero

Tempi composti

Passato	Trapassato
Che io abbia dormito	Che io avessi dormito
Che tu abbia dormito	Che tu avessi dormito
Che egli abbia dormito	Che egli avesse dormito
Che noi abbiamo dormito	Che noi avessimo dormito
Che voi abbiate dormito	Che voi aveste dormito
Che essi abbiano dormito	Che essi avessero dormito

Finire To finish

Tempi semplici

Presente	Imperfetto
Che io finisca	Che io finissi
Che tu finisca	Che tu finissi
Che egli finisca	Che egli finisse
Che noi finiamo	Che noi finissimo
Che voi finiate	Che voi finiste
Che essi finiscano	Che essi finissero

Tempi composti

Passato	Trapassato
Che io abbia finito	Che io avessi finito
Che tu abbia finito	Che tu avessi finito
Che egli abbia finito	Che egli avesse finito
Che noi abbiamo finito	Che noi avessimo finito
Che voi abbiate finito	Che voi aveste finito
Che essi abbiano finito	Che essi avessero finito

Forma passiva (**passive voice**) of the regular and irregular verbs:

Amare To love

Tempi semplici

Presente	Imperfetto
Che io sia amato	*Che io fossi amato*

Tempi composti

Passato	Trapassato
Che io sia stato amato	*Che io fossi stato amato*

Verbi irregolari • Irregular verbs

Irregular verbs ending in **-are**:

Andare To go

Tempi semplici

Presente	Imperfetto
Che io vada	*Che io andassi*
Che tu vada	*Che tu andassi*
Che egli vada	*Che egli andasse*
Che noi andiamo	*Che noi andassimo*
Che voi andiate	*Che voi andaste*
Che essi vadano	*Che essi andassero*

Tempi composti

Passato	Trapassato
Che io sia andato	*Che io fossi andato*

Dare To give

Tempi semplici

Presente	Imperfetto
Che io dia	*Che io dessi*
Che tu dia	*Che tu dessi*
Che egli dia	*Che egli desse*
Che noi diamo	*Che noi dessimo*
Che voi diate	*Che voi deste*
Che essi diano	*Che essi dessero*

Tempi composti

Passato	Trapassato
Che io abbia dato	Che io avessi dato

Fare To do

Tempi semplici

Presente	Imperfetto
Che io faccia	Che io facessi
Che tu faccia	Che tu facessi
Che egli faccia	Che egli facesse
Che noi facciamo	Che noi facessimo
Che voi facciate	Che voi faceste
Che essi facciano	Che essi facessero

Tempi composti

Passato	Trapassato
Che io abbia fatto	Che io avessi fatto

■ Irregular verbs ending in **-ere**:

Chiudere To close

Tempi semplici

Presente	Imperfetto
Che io chiuda	Che io chiudessi

Tempi composti

Passato	Trapassato
Che io abbia chiuso	Che io avessi chiuso

Sapere To know

Tempi semplici

Presente	Imperfetto
Che io sappia	Che io sapessi
Che tu sappia	Che tu sapessi

Che egli sappia   Che egli sapesse
Che noi sappiamo   Che noi sapessimo
Che voi sappiate   Che voi sapeste
Che essi sappiano   Che essi sapessero

Tempi composti

Passato   **Trapassato**
Che io abbia saputo   Che io avessi saputo

Vedere To see

Tempi semplici

Presente   **Imperfetto**
Che io veda   Che io vedessi
Che tu veda   Che tu vedessi
Che egli veda   Che egli vedesse
Che noi vediamo   Che noi vedessimo
Che voi vediate   Che voi vedeste
Che essi vedano   Che essi vedessero

Tempi composti

Passato   **Trapassato**
Che io abbia visto   Che io avessi visto

Irregular verbs ending in *-ire*:

Aprire To open

Tempi semplici

Presente   **Imperfetto**
Che io apra   Che io aprissi

Tempi composti

Passato   **Trapassato**
Che io abbia aperto   Che io avessi aperto

Uscire To exit/to go out

Tempi semplici

Presente	Imperfetto
Che io esca	*Che io uscissi*
Che tu esca	*Che tu uscissi*
Che egli esca	*Che egli uscisse*
Che noi usciamo	*Che noi uscissimo*
Che voi usciate	*Che voi usciste*
Che essi escano	*Che essi uscissero*

Tempi composti

Passato	Trapassato
Che io sia uscito	*Che io fossi uscito*

Venire To come

Tempi semplici

Presente	Imperfetto
Che io venga	*Che io venissi*
Che tu venga	*Che tu venissi*
Che egli venga	*Che egli venisse*
Che noi veniamo	*Che noi venissimo*
Che voi veniate	*Che voi veniste*
Che essi vengano	*Che essi venissero*

Tempi composti

Passato	Trapassato
Che io sia venuto	*Che io fossi venuto*

Verbi riflessivi • Irregular verbs

Lavarsi To wash oneself

Tempi semplici

Presente	Imperfetto
Che io mi lavi	*Che io mi lavassi*

Tempi composti

Passato	Trapassato
Che io mi sia lavato	Che io mi fossi lavato

Verbi modali • Modal verbs

Dovere Must/to be obliged (to)

Tempi semplici

Presente	Imperfetto
Che io debba	Che io dovessi
Che tu debba	Che tu dovessi
Che egli debba	Che egli dovesse
Che noi dobbiamo	Che noi dovessimo
Che voi dobbiate	Che voi doveste
Che essi debbano	Che essi dovessero

Tempi composti

Passato	Trapassato
Che io abbia dovuto	Che io avessi dovuto

Potere Can/to be able (to)

Tempi semplici

Presente	Imperfetto
Che io possa	Che io potessi
Che tu possa	Che tu potessi
Che egli possa	Che egli potesse
Che noi possiamo	Che noi potessimo
Che voi possiate	Che voi poteste
Che essi possano	Che essi potessero

Tempi composti

Passato	Trapassato
Che io abbia potuto	Che io avessi potuto

Volere To want

Tempi semplici

Presente	Imperfetto
Che io voglia	Che io volessi
Che tu voglia	Che tu volessi
Che egli voglia	Che egli volesse
Che noi vogliamo	Che noi volessimo
Che voi vogliate	Che voi voleste
Che essi vogliano	Che essi volessero

Tempi composti

Passato	Trapassato
Che io abbia voluto	Che io avessi voluto

When is it used?

The subjunctive **congiuntivo** is mainly used in subordinate clauses when the verb in the main clause introduces **opinions**, **wishes**, **orders** or an idea of **doubt**, **willingness**, **possibility/impossibility**, etc., rather than facts (which are usually expressed by an indicative mood).

■ The subjunctive is used in sentences expressing **opinion**:

È un'idea interessante [fact: indicative mood]
It's an interesting idea

Penso che sia un'idea interessante [opinion: subjunctive]
I think it is an interesting idea

■ The subjunctive is used in sentences expressing **wishes**:

Arriva sempre puntuale [it's a fact]
He always arrives on time

Spero che arrivi puntuale
I hope he'll arrive on time

Speravo che arrivasse puntuale
I hoped he would arrive on time

Speravo che fosse già arrivato
I hoped he had already arrived

The subjunctive is used in sentences expressing **willingness** or **orders**:

> *Dice sempre la verità* [it's a fact]
> He always tells the truth
>
> *Voglio che tu dica la verità*
> I want you to tell the truth
>
> *Voleva che tu dicessi la verità*
> He wanted you to tell the truth
>
> *Vorrei che tu dicessi la verità*
> I wish you would tell the truth
>
> *Vorrei che tu avessi detto la verità*
> I wish you had told the truth

The subjunctive is used in sentences expressing **doubt**:

> *Puliscono tutte le stanze* [it's a fact]
> They clean all the rooms
>
> *Dubito che puliscano tutte le stanze*
> I doubt they clean all the rooms
>
> *Dubitavo che pulissero tutte le stanze*
> I doubted they cleaned all the rooms
>
> *Dubitavo che avessero già pulito tutte le stanze*
> I doubted they had already cleaned all the rooms

The subjunctive is used in sentences with an **impersonal construction**:

> *È ora che il bambino vada a letto*
> It's time the child went to bed
>
> *Era ora che il bambino andasse a letto*
> It was time the child went to bed
>
> *Era ora che il bambino fosse già andato a letto*
> It was time the child had gone to bed

Il modo condizionale • The conditional mood

What form does it take?

There are **two tenses**: one simple tense (*presente*) and one compound tense (*passato*).

Verbi ausiliari • Auxiliary verbs

Essere To be

Tempo semplice	*Tempo composto*
Presente	**Passato**
Io sarei	*Io sarei stato*
Tu saresti	*Tu saresti stato*
Egli sarebbe	*Egli sarebbe stato*
Noi saremmo	*Noi saremmo stati*
Voi sareste	*Voi sareste stati*
Essi sarebbero	*Essi sarebbero stati*

Avere To have

Tempo semplice	*Tempo composto*
Presente	**Passato**
Io avrei	*Io avrei avuto*
Tu avresti	*Tu avresti avuto*
Egli avrebbe	*Egli avrebbe avuto*
Noi avremmo	*Noi avremmo avuto*
Voi avreste	*Voi avreste avuto*
Essi avrebbero	*Essi avrebbero avuto*

Verbi regolari • Regular verbs

■ Regular verbs of the first conjugation *prima coniugazione* (infinitive ending in *-are*, e.g. *parlare*):

Parlare To speak

Tempo semplice	*Tempo composto*
Presente	**Passato**
*Io parl**erei***	*Io avrei parl**ato***
*Tu parl**eresti***	*Tu avresti parlato*
*Egli parl**erebbe***	*Egli avrebbe parlato*
*Noi parl**eremmo***	*Noi avremmo parlato*
*Voi parl**ereste***	*Voi avreste parlato*
*Essi parl**erebbero***	*Essi avrebbero parlato*

Regular verbs of the second conjugation **seconda coniugazione** (infinitive ending in **-ere**, e.g. **temere**):

Temere To fear

Tempo semplice   **Tempo composto**

Presente	Passato
Io temerei	*Io avrei temuto*
Tu temeresti	*Tu avresti temuto*
Egli temerebbe	*Egli avrebbe temuto*
Noi temeremmo	*Noi avremmo temuto*
Voi temereste	*Voi avreste temuto*
Essi temerebbero	*Essi avrebbero temuto*

Regular verbs of the third conjugation **terza coniugazione** (infinitive ending in **-ire**, e.g. **dormire**, **finire**):

Dormire To sleep

Tempo semplice   **Tempo composto**

Presente	Passato
Io dormirei	*Io avrei dormito*
Tu dormiresti	*Tu avresti dormito*
Egli dormirebbe	*Egli avrebbe dormito*
Noi dormiremmo	*Noi avremmo dormito*
Voi dormireste	*Voi avreste dormito*
Essi dormirebbero	*Essi avrebbero dormito*

Finire To finish

Tempo semplice   **Tempo composto**

Presente	Passato
Io finirei	*Io avrei finito*
Tu finiresti	*Tu avresti finito*
Egli finirebbe	*Egli avrebbe finito*
Noi finiremmo	*Noi avremmo finito*
Voi finireste	*Voi avreste finito*
Essi finirebbero	*Essi avrebbero finito*

■ *Forma passiva* (**passive voice**) of regular and irregular verbs:

Amare To love

Tempo semplice	*Tempo composto*
Presente	**Passato**
Io sarei amato	*Io sarei stato amato*

Verbi irregolari • Irregular verbs

■ Irregular verbs ending in *-are*:

Andare To go

Tempo semplice	*Tempo composto*
Presente	**Passato**
Io andrei	*Io sarei andato*
Tu andresti	*Tu saresti andato*
Egli andrebbe	*Egli sarebbe andato*
Noi andremmo	*Noi saremmo andati*
Voi andreste	*Voi sareste andati*
Essi andrebbero	*Essi sarebbero andati*

Dare To give

Tempo semplice	*Tempo composto*
Presente	**Passato**
Io darei	*Io avrei dato*
Tu daresti	*Tu avresti dato*
Egli darebbe	*Egli avrebbe dato*
Noi daremmo	*Noi avremmo dato*
Voi dareste	*Voi avreste dato*
Essi darebbero	*Essi avrebbero dato*

Fare To do/to make

Tempo semplice	*Tempo composto*
Presente	**Passato**
Io farei	*Io avrei fatto*
Tu faresti	*Tu avresti fatto*
Egli farebbe	*Egli avrebbe fatto*

Noi faremmo   *Noi avremmo fatto*
Voi fareste   *Voi avreste fatto*
Essi farebbero   *Essi avrebbero fatto*

Irregular verbs ending in **-ere**:

Chiudere To close

Tempo semplice   **Tempo composto**

Presente   **Passato**
Io chiuderei   *Io avrei chiuso*

Sapere To know

Tempo semplice   **Tempo composto**

Presente   **Passato**
Io saprei   *Io avrei saputo*
Tu sapresti   *Tu avresti saputo*
Egli saprebbe   *Egli avrebbe saputo*
Noi sapremmo   *Noi avremmo saputo*
Voi sapreste   *Voi avreste saputo*
Essi saprebbero   *Essi avrebbero saputo*

Vedere To see

Tempo semplice   **Tempo composto**

Presente   **Passato**
Io vedrei   *Io avrei visto*
Tu vedresti   *Tu avresti visto*
Egli vedrebbe   *Egli avrebbe visto*
Noi vedremmo   *Noi avremmo visto*
Voi vedreste   *Voi avreste visto*
Essi vedrebbero   *Essi avrebbero visto*

Irregular verbs ending in **-ire**:

Aprire To open

Tempo semplice   **Tempo composto**

Presente   **Passato**
Io aprirei   *Io avrei aperto*

Uscire To exit/to go out

Tempo semplice	*Tempo composto*
Presente	**Passato**
Io uscirei	*Io sarei uscito*
Tu usciresti	*Tu saresti uscito*
Egli uscirebbe	*Egli sarebbe uscito*
Noi usciremmo	*Noi saremmo usciti*
Voi uscireste	*Voi sareste usciti*
Essi uscirebbero	*Essi sarebbero usciti*

Venire To come

Tempo semplice	*Tempo composto*
Presente	**Passato**
Io verrei	*Io sarei venuto*
Tu verresti	*Tu saresti venuto*
Egli verrebbe	*Egli sarebbe venuto*
Noi verremmo	*Noi saremmo venuti*
Voi verreste	*Voi sareste venuti*
Essi verrebbero	*Essi sarebbero venuti*

Verbi riflessivi • Reflexive verbs

Lavarsi To wash oneself

Tempo semplice	*Tempo composto*
Presente	**Passato**
Io mi laverei	*Io mi sarei lavato*

Verbi modali • Modal verbs

Dovere Must/to be obliged (to)

Tempo semplice	*Tempo composto*
Presente	**Passato**
Io dovrei	*Io avrei dovuto*
Tu dovresti	*Tu avresti dovuto*
Egli dovrebbe	*Egli avrebbe dovuto*

Noi dovremmo	*Noi avremmo dovuto*
Voi dovreste	*Voi avreste dovuto*
Essi dovrebbero	*Essi avrebbero dovuto*

Potere Can

Tempo semplice	**Tempo composto**
Presente	**Passato**
Io potrei	*Io avrei potuto*
Tu potresti	*Tu avresti potuto*
Egli potrebbe	*Egli avrebbe potuto*
Noi potremmo	*Noi avremmo potuto*
Voi potreste	*Voi avreste potuto*
Essi potrebbero	*Essi avrebbero potuto*

Volere To want (to)

Tempo semplice	**Tempo composto**
Presente	**Passato**
Io vorrei	*Io avrei voluto*
Tu vorresti	*Tu avresti voluto*
Egli vorrebbe	*Egli avrebbe voluto*
Noi vorremmo	*Noi avremmo voluto*
Voi vorreste	*Voi avreste voluto*
Essi vorrebbero	*Essi avrebbero voluto*

When is it used?

The conditional *condizionale* is generally used **to attenuate the certainty of an event** (it indicates a **possible event**, which is not certain, or a certainly **impossible** event), **or of a judgement**. Like the subjunctive, it is a mood that presents difficulties for Italians themselves.

The present conditional *condizionale presente* is used to express a **possibility**, an eventuality (→ 8.5 Conditional clauses); it is also used to make an **offer**, or to extend an **invitation**, or to express a **supposition**, or a **wish**:

Verrei se ci fosse anche quel ragazzo simpatico [possibility]
I would come if that nice boy were there, too

Vorresti una tazza di caffè? [offer]
Would you like a cup of coffee?

Potrebbe essere lui il colpevole [supposition]
He could be the one to blame

Vorrei dormire un po' [wish]
I would like to sleep for a while

■ The past conditional **condizionale passato** (present conditional
of the auxiliary + past participle) expresses an **impossibility or
an action in the future** with respect to a moment in the past:

Avrebbe comprato quell'auto ma non aveva i soldi [impossibility]
He would have bought that car, but he didn't have enough money.

Se avesse avuto i soldi avrebbe comprato l'auto [impossibility]
If he had had enough money he would have bought the car

Mi ha detto che sarebbe venuto [future in the past]
He told me he would come

Il modo imperativo • The imperative mood

What form does it take?

It has only one tense, the present *presente* and is used in **affirmative sentences** in the **second person singular or plural**
(*tu, voi*). The **negative form** exists for the second person plural,
while the negative infinitive is used for the second person singular:

Smetti di parlare!
Stop talking!

Smettete di parlare!
Stop talking!

Non smettere di parlare! [second person singular: negative
infinitive]
Don't stop talking!

Non smettete di parlare! [second person plural: negative imperative]
Don't stop talking!

Verbi ausiliari • Auxiliary verbs

Essere To be	*Avere* To have
Presente	**Presente**
Sii	*Abbi*
Siate	*Abbiate*

Verbi regolari • Regular verbs

Regular verbs of the **first conjugation** (infinitive ending in *-are*, e.g. *parlare*) and **second conjugation** (infinitive ending in *-ere*, e.g. *temere*):

Parlare To speak	*Temere* To fear
Presente	**Presente**
Parla	*Temi*
Parlate	*Temete*

Regular verbs of the **third conjugation** (infinitive ending in *-ire*, e.g. *dormire*, *finire*):

Dormire To sleep	*Finire* To finish
Presente	**Presente**
Dormi	*Finisci*
Dormite	*Finite*

Forma passiva (**passive voice**) of the regular and irregular verbs:

Amare To love

Presente
Sii amato

Verbi irregolari • Irregular verbs

Irregular verbs ending in *-are*:

Andare To go	*Dare* To give	*Fare* To do
Presente	**Presente**	**Presente**
Va/Vai/Va'	*Dà/Dai/Da'*	*Fa /Fai/Fa'*
Andate	*Date*	*Fate*

■ Irregular verbs ending in **-ere**:

Chiudere To close	***Sapere*** To know	***Vedere*** To see
Presente	*Presente*	*Presente*
Chiudi	*Sappi*	*Vedi*
Chiudete	*Sappiate*	*Vedete*

■ Irregular verbs ending in **-ire**:

Aprire To open	***Uscire*** To exit/ to go out	***Venire*** To come
Presente	*Presente*	*Presente*
Apri	*Esci*	*Vieni*
Aprite	*Uscite*	*Venite*

Verbi riflessivi • Reflexive verbs

Lavarsi To wash oneself

Presente
Lavati
Lavatevi

Note! The **modal verbs** (***verbi modali***) cannot be used in the imperative.

When is it used?

The imperative ***imperativo*** is used **to give direct orders** to a **second person** singular (*tu*) or plural (*voi*):

Vieni qui!
Come here!

Sedetevi!
Sit down!

■ To give an order in the **third person** singular or plural the present subjunctive tense ***congiuntivo presente*** is used:

Venga!
Do come over here!

▪ The present indicative mood **indicativo presente** is used for exortations or encouragement in the **first person plural** (*noi*):

*Allora **andiamo**!*
Well, let's go!

***Sbrighiamoci**: è tardi!*
Let's hurry up: it's late!

Il modo infinito • The infinitive mood

What form does it take?

This is an indefinite mood of the verb and comprises **two tenses**: one simple tense (***presente***) and one compound tense (***passato***):

Verbi ausiliari • Auxiliary verbs

Essere To be

Tempo semplice	**Tempo composto**
Presente	**Passato**
Essere	*Essere stato*

Avere To have

Tempo semplice	**Tempo composto**
Presente	**Passato**
Avere	*Avere avuto*

Verbi regolari • Regular verbs

▪ Regular verbs of the **first conjugation** (infinitive ending in *-are*, e.g. ***parlare***):

Parlare To speak

Tempo semplice	Tempo composto
Presente	**Passato**
Parlare	*Avere parlato*

■ Regular verbs of the **second conjugation** (infinitive ending in *-ere*, e.g. *temere*):

Temere To fear

Tempo semplice	Tempo composto
Presente	**Passato**
Temere	*Avere temuto*

■ Regular verbs of the **third conjugation** (infinitive ending in *-ire*, e.g. *dormire*, *finire*):

Dormire To sleep

Tempo semplice	Tempo composto
Presente	**Passato**
Dormire	*Avere dormito*

Finire To finish

Tempo semplice	Tempo composto
Presente	**Passato**
Finire	*Avere finito*

■ *Forma passiva* (**passive voice**) of the regular and irregular verbs:

Amare To love

Tempo semplice	Tempo composto
Presente	**Passato**
Essere amato	*Essere stato amato*

Verbi irregolari • Irregular verbs

■ Irregular verbs ending in *-are*:

Andare To go

Tempo semplice	*Tempo composto*
Presente	**Passato**
Andare	*Essere andato*

Dare To give

Tempo semplice	*Tempo composto*
Presente	**Passato**
Dare	*Avere dato*

Fare To do

Tempo semplice	*Tempo composto*
Presente	**Passato**
Fare	*Avere fatto*

■ Irregular verbs ending in *-ere*:

Chiudere To close

Tempo semplice	*Tempo composto*
Presente	**Passato**
Chiudere	*Avere chiuso*

Sapere To know

Tempo semplice	*Tempo composto*
Presente	**Passato**
Sapere	*Avere saputo*

Vedere To see

Tempo semplice	*Tempo composto*
Presente	**Passato**
Vedere	*Avere visto*

■ Irregular verbs ending in *-ire*:

Aprire To open

Tempo semplice	Tempo composto
Presente	**Passato**
Aprire	Avere aperto

Uscire To exit/to go out

Tempo semplice	Tempo composto
Presente	**Passato**
Uscire	Essere uscito

Venire To come

Tempo semplice	Tempo composto
Presente	**Passato**
Venire	Essere venuto

Verbi riflessivi • Reflexive verbs

Lavarsi To wash oneself

Tempo semplice	Tempo composto
Presente	**Passato**
Lavarsi	Essersi lavato

Verbi modali • Modal verbs

Dovere Must/to be obliged (to)

Tempo semplice	Tempo composto
Presente	**Passato**
Dovere	Avere dovuto

Potere Can/to be able to

Tempo semplice	**Tempo composto**
Presente	**Passato**
Potere	*Avere potuto*

Volere To want (to)

Tempo semplice	**Tempo composto**
Presente	**Passato**
Volere	*Avere voluto*

When is it used?

■ The infinitive ***infinito*** can be used as a **verb** for **exclamations** or **questions**:

> ***Arrivare*** *a quest'ora! Come ti permetti?*
> What time is this to arrive! How dare you?
>
> *Che **fare**?*
> What is to be done?
>
> ***Averci pensato*** *prima!*
> If only we had thought of it earlier!

■ The present infinitive ***Infinito presente*** is used to form the **negative imperative** of the second person singular, it is therefore used to express **negative orders**:

> ***Non correre****!*
> Don't run!

■ The infinitive, present or past (*l'**infinito presente** o **passato***), alone or introduced by prepositions, can be accompanied by **verbs**, **adjectives** or **nouns**:

> *Bisogna **reagire***
> It is necessary to react
>
> ***Studiare*** *è importante*
> It is important to study

*Ho cominciato a **lavorare***
I have started working

*Sono stanco di **aspettare***
I am tired of waiting

*Ho voglia di **imparare***
I want to learn

■ The **subject of the infinitive** is not expressed; it is shown by the principal clause:

*Credo di non **essere** capace* [subject of the infinitive: *io*]
I don't think I am capable

*Hanno aiutato i ladri a **fuggire*** [subject of the infinitive: *i ladri*]
They helped the thieves to get away

*Ho suggerito a mio padre di **aspettare*** [subject of the infinitive: *mio padre*]
I suggested to my father that he wait/I advised my father to wait

■ The **tenses** of the **infinitive** are shown below:

*Pensi di **essere** ancora in tempo?* [contemporaneousness: *infinito presente*]
Do you think you are still in time?

*Pensi di **arrivare** in tempo?* [future: *infinito presente*]
Do you think you will arrive in time?

*Pensi di **essere arrivato** in tempo?* [past: *infinito passato*]
Do you think you arrived in time?

■ The infinitive introduced by a **preposition** has **different functions** which depend on the preposition itself, in particular:

■ introduced by *di* it expresses **specification**:

*Ho voglia **di fare** una gita*
I want to go on an outing

*Era felice **di vederlo***
She was pleased to see him

■ introduced by *per*, the present infinitive generally indicates a **purpose**, while the past infinitive indicates a **cause**:

*Vengo **per aiutarvi*** [purpose]
I have come to help you

*Dammi un pennarello **per scrivere** sulla lavagna* [purpose]
Give me a marker pen to write on the whiteboard

*L'ho ringraziato **per averci aiutato*** [cause]
I thanked him for having helped us

▪ introduced by **per** or **da** it can also express a **consequence**:

*È troppo abile **per sbagliare** un esercizio così semplice*
He is too good to make a mistake in such a simple exercise

*È tanto furbo **da** non **venire** mai scoperto*
He is clever enough never to be found out

▪ introduced by the preposition **da** it is often **passive**:

*Certe parole sono difficili **da capire***
Some words are difficult to understand

▪ The infinitive is also used for some idiomatic expressions:

▪ **stare per** + infinitive expresses an action which is about to happen:

*L'aereo **sta per decollare***
The plane is about to take off

▪ **fare** + infinitive expresses an action which was **made to happen**;
lasciare + infinitive expresses an action which was **allowed to
happen**:

Marco ha studiato
Marco studied

***Ho fatto studiare** Marco* [I forced Marco to study; I ensured that
Marco studied]
I made Marco study

***Ho lasciato studiare** Marco*
I let Marco study

▪ The infinitive can also be used as a **noun**. In this case it takes the
article and may be accompanied by a possessive adjective:

Il tuo/suo correre di qua e di là dà fastidio a molti [you/he/she run(s) here and there]
Your/His/Her running here and there annoys many people

Col piangere non risolverai il tuo problema
Crying won't solve your problem

Il modo gerundio • The gerund mood

What form does it take?

It is an indefinite mood and has **two tenses**: a simple tense (***presente***) and a compound tense (***passato***).

Verbi ausiliari • Auxiliary verbs

Essere To be

Tempo semplice	Tempo composto
Presente	**Passato**
Essendo	Essendo stato

Avere To avere

Tempo semplice	Tempo composto
Presente	**Passato**
Avendo	Avendo avuto

Verbi regolari • Regular verbs

■ Regular verbs of the **first conjugation** (infinitive ending in *-are*, e.g. *parlare*):

Parlare To speak

Tempo semplice	Tempo composto
Presente	**Passato**
Parlando	Avendo parlato

Regular verbs of the **second conjugation** (infinitive ending in **-ere**, e.g. **temere**):

Temere To fear

Tempo semplice	*Tempo composto*
Presente	**Passato**
Temendo	*Avendo temuto*

Regular verbs of the **third conjugation** (infinitive ending in **-ire**, e.g. **dormire**, **finire**):

Dormire To sleep

Tempo semplice	*Tempo composto*
Presente	**Passato**
Dormendo	*Avendo dormito*

Finire To finish

Tempo semplice	*Tempo composto*
Presente	**Passato**
Finendo	*Avendo finito*

Forma passiva (**passive voice**) of regular and irregular verbs:

Amare To love

Tempo semplice	*Tempo composto*
Presente	**Passato**
Essendo amato	*Essendo stato amato*

Verbi irregolari • Irregular verbs

Irregular verbs ending in **-are**:

Andare To go

Tempo semplice	*Tempo composto*
Presente	**Passato**
Andando	*Essendo andato*

Dare To give

Tempo semplice	Tempo composto
Presente	**Passato**
Dando	*Avendo dato*

Fare To do

Tempo semplice	Tempo composto
Presente	**Passato**
Facendo	*Avendo fatto*

■ Irregular verbs ending in **-ere**:

Chiudere To close

Tempo semplice	Tempo composto
Presente	**Passato**
Chiudendo	*Avendo chiuso*

Sapere To know

Tempo semplice	Tempo composto
Presente	**Passato**
Sapendo	*Avendo saputo*

Vedere To see

Tempo semplice	Tempo composto
Presente	**Passato**
Vedendo	*Avendo visto*

■ Irregular verbs ending in **-ire**:

Aprire To open

Tempo semplice	Tempo composto
Presente	**Passato**
Aprendo	*Avendo aperto*

Uscire To exit/to go out

Tempo semplice   **Tempo composto**

Presente   **Passato**
Uscendo   *Essendo uscito*

Venire To come

Tempo semplice   **Tempo composto**

Presente   **Passato**
Venendo   *Essendo venuto*

Verbi riflessivi • Reflexive verbs

Lavarsi To wash oneself

Tempo semplice   **Tempo composto**

Presente   **Passato**
Lavandosi   *Essendosi lavato*

Verbi modali • Modal verbs

Dovere Must/to be obliged (to)

Tempo semplice   **Tempo composto**

Presente   **Passato**
Dovendo   *Avendo dovuto*

Potere Can

Tempo semplice   **Tempo composto**

Presente   **Passato**
Potendo   *Avendo potuto*

Volere To want (to)

Tempo semplice   **Tempo composto**

Presente   **Passato**
Volendo   *Avendo voluto*

When is it used?

■ The gerund **gerundio** can express **manner**, **cause** or **means** or the **moment in time** at which an event occurs, emphasizing the **contemporaneousness** (**gerundio presente**) between two actions or events, or the fact that one event occurred **before** another:

> *Ho imparato le lingue **guardando** film in lingua originale* [expresses manner/means; contemporaneousness: *gerundio presente*]
> I learned languages by watching films in foreign languages

> ***Guidando** a questa velocità, provocherai un incidente* [expresses the cause; contemporaneousness: *gerundio presente*]
> Driving at this speed, you will cause an accident/If you drive at this speed, you will cause an accident

> ***Avendo finito** il denaro, siamo tornati a casa* [expresses cause; future in the past: *gerundio passato*]
> Having finished the money, we came home

> ***Studiando** imparerai molte cose* [expresses means; contemporaneousness: *gerundio presente*]
> You will learn a lot by studying

> ***Rientrando** a casa ho incontrato Luigi* [expresses time; contemporaneousness: *gerundio presente*]
> Coming home I met Luigi

■ The compound form **stare** + gerund expresses an action which is happening at the precise moment in which we are speaking. It is the equivalent of the English continuous tenses:

> *I ragazzi **giocano** a pallone* [usually, or now]
> The boys play football/The boys are playing football

> *I ragazzi **stanno giocando** a pallone* [at the moment]
> The boys are playing football

> *Mauro **parlava** al telefono* [usually at that time, or at that moment]
> Mauro talked on the telephone/Mauro was talking on the telephone

> *Mauro **stava parlando** al telefono* [at that particular moment]
> Mauro was talking on the telephone

Il modo participio • The participle mood

What form does it take?

The participle mood **modo participio** has two tenses (**presente** and **passato**), but many verbs are defective, they do not have a present participle.

Verbi ausiliari • Auxiliary verbs

Essere To be

Tempi semplici

Presente	Passato
–	Stato

Avere To have

Tempi semplici

Presente	Passato
Avente	Avuto

Verbi regolari • Regular verbs

Regular verbs of the **first conjugation** (infinitive ending in **-are**, e.g. **parlare**):

Parlare To speak

Tempi semplici

Presente	Passato
Parlante	Parlato

Regular verbs of the **second conjugation** (infinitive ending in **-ere**, e.g. **temere**):

Temere To fear

Tempi semplici

Presente	Passato
Temente	Temuto

■ Regular verbs of the **third conjugation** (infinitive ending in *-ire*, e.g. *dormire*, *finire*):

Dormire To sleep

Tempi semplici

Presente	Passato
Dorm(i)ente	*Dormito*

Finire To finish

Tempi semplici

Presente	Passato
Finente	*Finito*

■ *Forma passiva* (**passive voice**) of the regular and irregular verbs:

Amare To love

Tempi semplici

Presente	Passato
–	*Stato amato*

Verbi irregolari • Irregular verbs

■ Irregular verbs ending in *-are*:

Andare To go

Tempi semplici

Presente	Passato
Andante	*Andato*

Dare To give

Tempi semplici

Presente	Passato
Dante	*Dato*

Fare To do

Tempi semplici

Presente	Passato
Facente	Fatto

Irregular verbs ending in *-ere*:

Chiudere To close

Tempi semplici

Presente	Passato
Chiudente	Chiuso

Sapere To know

Tempi semplici

Presente	Passato
Sapiente	Saputo

Vedere To see

Tempi semplici

Presente	Passato
Vedente	Visto

Irregular verbs ending in *-ire*:

Aprire To open

Tempi semplici

Presente	Passato
Aprente	Aperto

Uscire To exit/to go out

Tempi semplici

Presente	Passato
Uscente	Uscito

Venire To come

Tempi semplici

Presente	Passato
Veniente	*Venuto*

Verbi riflessivi • Reflexive verbs

Lavarsi To wash oneself

Tempi semplici

Presente	Passato
_	*Lavatosi*

Verbi modali • Modal verbs

Dovere Must/to be obliged (to)

Tempi semplici

Presente	Passato
_	*Dovuto*

Potere Can

Tempi semplici

Presente	Passato
Potente	*Potuto*

Volere To want (to)

Tempi semplici

Presente	Passato
Volente	*Voluto*

When is it used?

The participle *participio* can be used as a **verb**, a **noun** or an **adjective**:

> *Hai **bevuto** il caffè?*; ***Bevuto** il caffè, Gianni è uscito dal bar*
> [*participio passato* used as a verb]
> Have you drunk the coffee?; Having drunk his coffee, Gianni left the bar

> *I **residenti** potranno parcheggiare l'auto in cortile* [*participio presente* used as a noun]
> The residents will be able to park their cars in the courtyard

> *I **colorati** si lavano a mano e in acqua fredda* [*participio passato* used as a noun]
> Coloured garments are washed by hand, in cold water

> *È un film **divertente*** [*participio presente* used as an adjective]
> It is a funny film

> *Le maglie **colorate** sono nel primo cassetto* [*participio passato* used as an adjective]
> The coloured jumpers are in the top drawer

Note! The present participle *participio presente* is almost **never** used as a **verb**.

The past participle *participio passato* is used as a **verb**:

to form all the **compound tenses** (*tempi composti*) and the **passive voice** (*forma passiva*):

> *Sono **andato** al mare con Maria*
> I went to the seaside with Maria

> *Quella bambina è **amata** da tutti*
> That little girl is loved by everybody

to express the **cause** of an event or a **sequence** of events:

> ***Arrivata** Gianna, siamo partiti* [since she had arrived; after she arrived]
> Once Gianna arrived, we left

■ When the past participle *participio passato* is used as a *noun* it takes on many of the characteristics of nouns (it is preceded by the article and can be accompanied by the possessive; it is variable in gender and number); when it is used as an **adjective** it agrees in gender and number with the noun it refers to. In such cases the *participio passato* means *quello/-a/-i/-e che* (that/those who/which...):

> *I derubati hanno subito fatto denuncia* [noun: *quelli che sono stati derubati* = those who were robbed]
> The victims of the robbery immediately reported it to the police

> *Fa freddo: metterò la giacca **imbottita*** [adjective: *che è imbottita* = which is padded]
> It's cold; I will wear the padded jacket

■ When the present participle *participio presente* is used as a **noun** it takes on many of the characteristics of nouns (it is preceded by the article and can be accompanied by the possessive; it is variable in number, but not in gender); when it is used as an **adjective** it agrees only in number with the noun it refers to. In such cases the *participio presente* means *quello/-a/-i/-e che* (that/those who/which...):

> *I **partecipanti** si sono divertiti* [noun: *quelli che hanno partecipato* = those who participated]
> The participants enjoyed themselves

> *Abbiamo dormito in camere **accoglienti*** [adjective: *che sono comode e piacevoli* = which are comfortable and pleasant]
> We slept in comfortable, pleasant rooms

■ The **present participle** always has a **present and active** meaning. The **past participle** of **intransitive** verbs has a **past and active** meaning, in **transitive** verbs it has a **past and passive** meaning:

> *La settimana **entrante** ci sarà una riunione* [intransitive verb: present and active meaning]
> There will be a meeting next week

> *Ho usato un prodotto **colorante*** [transitive verb: present and active meaning]
> I used a dye

*Le persone **entrate** possono restare* [intransitive verb: past and active]
The people who have come in, can remain here

*La maestra ha appeso i disegni **colorati** dai bambini* [transitive verb: past and passive meaning]
The teacher has hung the children's coloured drawings up

6. ADVERBS

What are they?

Adverbs (*gli avverbi*) **modify** or **define** the meaning of a verb, a sentence or a part of the sentence (an adjective or another adverb):

*Carlo mangia **lentamente*** [*lentamente* describes the way Carlo eats]
Carlo eats slowly

***Non** ti vedo* [*non* transforms the verb and therefore the sentence from affirmative to negative]
I can't see you

*Vieni **qui**!* [*qui* indicates where the action should end]
Come here!

*Questo quadro è **molto** bello* [*molto* refers to the adjective *bello*]
This picture is (very) beautiful

*Guidi **troppo** velocemente* [*troppo* refers to the adverb *velocemente*]
You drive too fast

What form do they take? When are they used?

Adverbs are **invariable** and there are various types: manner, place, time, quantity, confirmation, negation, doubt.

- The **adverbs of manner** (*avverbi di modo*) indicate **how** the action expressed by the verb is carried out. The most common are:

- **bene** (well), **male** (badly), **piano** (quietly/gently), **forte** (loudly/strongly), **volentieri** (willingly), **così** (like this):

*Mia moglie cucina **bene***
My wife cooks well/My wife is a good cook

the forms ending in **-mente**, constructed with the **feminine singular** qualitative adjective + *-mente*; if the feminine adjective ends in **-le** or **-re** it loses the final **-e**:

caloroso [m. sing. qualitative adjective] → *calorosa* [f. sing.] →
calorosamente

felice [m. and f. sing. qualitative adjective] → **felicemente**

gentile [m. and f. sing. qualitative adjective ending in *-le*] →
gentilmente

militare [m. and f. singular qualitative adjective ending in *-re*] →
militarmente

The **adverbs of place** (*avverbi di luogo*) indicate **where** the action expressed by the verb is carried out. The most common are: *qui, qua* (here), *lì, là* (there), *vicino* (near), *lontano* (far), *dentro* (inside), *fuori* (outside), *dietro* (behind), *davanti* (in front of), *sopra* (above), *sotto* (below):

*Vieni **qui** vicino a me, non restare **là** in fondo alla stanza*
Come here near me, don't stay there at the back of the room

*Non uscire **fuori**! Rimani **dentro**!*
Don't go outside! Stay inside!

The **adverbs of time** (*avverbi di tempo*) indicate **when** the action expressed by the verb takes place. The most common are: *ieri* (yesterday), *oggi* (today), *domani* (tomorrow), *adesso* (now), *ora* (at the moment), *allora* (then), *appena* (just), *già* (already), *ancora* (not yet), *presto* (early), *tardi* (late), *subito* (immediately), *poi* (then), *dopo* (afterwards), *prima* (before), *sempre* (always), *spesso* (often), *di solito* (usually), *raramente* (rarely), *mai* (never):

***Ieri** ho giocato a tennis, **oggi** ho lezione di italiano e **domani** andrò in piscina*
Yesterday I played tennis, today I've got an Italian lesson and tomorrow I am going to the swimming pool

*Faccio **sempre** colazione al mattino ma non bevo **mai** il caffè: **di solito** prendo una tazza di tè*
I always have breakfast in the morning but I never drink coffee: I usually have a cup of tea

■ The **adverbs of quantity** (*avverbi di quantità*) indicate a **quantity**, a **measure** with reference to the action expressed by the verb. The most common are: *molto* (very/a lot), *poco* (not very/not much), *tanto* (a lot), *quanto* (how much), *troppo* (too much), *parecchio* (quite a lot), *più* (more), *meno* (less):

> *Lavora **molto** ma dorme **poco***
> He works a lot but he doesn't sleep much

■ The **adverbs of confirmation** (*avverbi di affermazione*) confirm or reinforce the verb. The most common forms are: *sì* (yes), *certo* (sure), *sicuro* (of course) (used as answers), *di certo/certamente*, *di sicuro/sicuramente* (certainly) (used either as an answer or to reinforce a statement):

> *Vieni con noi? **Sì/Certo/Sicuro*** [affirmative answer]
> Are you coming with us? Yes/Sure/Of course

> *Verrò **certamente/di certo/sicuramente/di sicuro*** [to reinforce a statement]
> I will certainly come

■ The **adverbs of negation** (*avverbi di negazione*) negate the action expressed by the verb. The most common are: *no* (used as a negative response), *non* (used to form negative sentences) (→ 8.2 The negative form), *neanche/nemmeno* (not even):

> *Esci questa sera? **No*** [negative answer]
> Are you going out this evening? No (I am not)

> ***Non** so nuotare* [negative sentence]
> I can't swim

> ***Non** posso fare la gara di ballo: **non** so **nemmeno/neanche** ballare il valzer*
> I can't take part in the dancing competition: I can't even waltz/I don't even know how to waltz

■ The **adverbs of doubt** (*avverbi di dubbio*) express **uncertainty** about the action of the verb. The most common are: *forse* (perhaps/maybe), *probabilmente* (probably), *magari* (perhaps/ maybe):

> ***Forse/Probabilmente/Magari** ci sarà anche Gianni, ma non ne sono certo*
> Perhaps/Maybe/Probably Gianni will be there too, but I am not sure

Some **adverbs** are used to **emphasise** part of the sentence. The most common are: **anche** (also/too), **addirittura** (quite), **perfino** (even), **proprio** (just/exactly), **solo** (only/just), **soprattutto** (above all):

*Viene **anche** Maria alla festa?*
Is Maria coming to the party, too?

*Sono stato **proprio** io a farlo!*
It was me (and no-one else) that did it!

*Prenderò **solo** un po' di insalata: oggi non ho fame!*
I'll just have a bit of salad: I'm not hungry today!

Note! Sometimes the adverbs used to emphasise a word in the sentence are used as conjunctions or linking words (→ 7), often accompanied by a true linking word:

*Vorrei avere un buon lavoro **e anche** una bella casa*
I would like to have a good job and a beautiful house, too

Where do they go?

Adverbs can go in various positions: after the verb, at the beginning or the end of the sentence or before the elements they refer to:

*Sta guidando **velocemente**/Sta guidando l'auto **velocemente***
He is driving fast/He is driving the car fast

***Là** ci sono delle sedie in più; **Oggi** è il mio compleanno*
There are some more chairs over there; Today is my birthday

Certamente/forse** verranno; Verranno **certamente/forse
Certainly/Maybe they will come

*Tua sorella parla **troppo**; Ci incontriamo **sempre qui***
Your sister talks too much; We always meet here

***Anche** Gianni sarà alla festa* [here the adverb is before the element to be emphasised]
Gianni will be at the party, too

The **adverbs of manner** generally go after the verb or at the end of the sentence:

*Puoi parlare **lentamente**?*
Could you speak slowly?

■ The **adverbs of place**, **time**, **confirmation** and **doubt** can go at the start of the sentence or immediately after the verb, or at the end of the sentence:

> ***Qui** non si può fumare/Non si può fumare **qui**/Non si possono accendere sigarette **qui*** [place]
> You can't smoke here/Smoking is not allowed here/It is not permitted/It is forbidden to light a cigarette here

> ***Domani** partiremo/Partiremo **domani**/Partiremo per Milano **domani*** [time]
> We will leave for Milan tomorrow

> ***Sicuramente** ci sarà la festa per Marco/Ci sarà **sicuramente** la festa per Marco/Ci sarà la festa per Marco **sicuramente*** [confirmation]
> There will certainly be a party for Marco

> ***Forse** verrò/Verrò **forse**/Verrò al mare **forse*** [doubt]
> Perhaps/Maybe I will come to the seaside

■ With a compound tense of the verb the **adverbs of time *appena*** (just), ***ancora*** (still/not yet), ***già*** (already), ***mai*** (never), ***più*** (again/not any more) and ***sempre*** (always) go after the first element of the verb:

> *Vuoi un caffè? No, l'ho **appena** bevuto*
> Do you want a coffee? No, I've just had one

> *Non l'ho **più** rivisto*
> No, I haven't seen him again

■ The **adverbs of quantity** go after the verb they modify, but before an adjective or another adverb:

> *Lavora **molto*** [verb]
> He works hard

> *Questa trasmissione è **molto** interessante* [adjective]
> This programme is very interesting

> *Questa notte ho dormito **molto** male* [adverb]
> I slept very badly last night

The **negative adverb** *non* has a fixed position within the sentence: it always goes before the verb (→ 8.2 The negative form):

> *Gianna **non** beve alcolici*
> Gianna doesn't drink anything alcoholic/Gianna is a teetotaller/Gianna is teetotal

> *Carla **non** è uscita oggi*
> Carla hasn't been out today/Carla didn't go out today

> ***Non** posso venire*
> I can't come

> *Ti ho detto di **non** uscire*
> I told you not to go out

However, if it refers to one particular element of the sentence it goes before that element:

> ***Non** tutti voi, ma solo alcuni potranno partecipare*
> Not all of you, only some of you will be able to participate

7. CONJUNCTIONS

What are they?

- **Conjunctions** or **linking words** join two elements (nouns, adjectives, adverbs, verbs) or entire sentences, highlighting the **relationship** between them:

    *Devo comprare il giornale **e** la rivista di moda per Anna* [joins two nouns]
    I must buy the newspaper and the fashion magazine for Anna

    *Quel ragazzo è bello **ma** poco intelligente* [two adjectives]
    That boy is handsome, but not very intelligent

    *Il ladro entrò nella stanza lentamente **e** silenziosamente* [two adverbs]
    The thief entered the room slowly and quietly

    *Quella ragazza è davvero brava: balla **e** canta molto bene!* [two verbs]
    That girl is really good: she dances and sings very well!

    *Il vaso si è rotto **perché** è caduto* [two sentences]
    The vase broke because it fell

- Some **adverbs** or **groups of words** (known as *locuzioni congiuntive*) can be used as linking words (for the sake of simplicity we will call them 'conjunctions', too):

    *Non gioco a tennis, **solamente** a calcio e a pallavolo* [adverb]
    I don't play tennis, only football and volley ball

    *Verrò **a condizione/a patto che** mi invitino* [group of words]
    I will come providing they invite me

    ***Dal momento che** sei qui, parliamone!* [group of words]
    Since you are here, let's talk about it!

*Non ti ho scritto **per il fatto che** ho avuto molto da fare* [group of words]
I haven't written to you because I have been very busy

What form do they take?

■ Conjunctions (*le congiunzioni*) can join two independent thoughts (→ 8.1), or two elements of the same sentence; in this case they are called **coordinating (*coordinanti*)**:

*Prendete la biro **e** scrivete* [two independent sentences]
Take a biro and write

*Non c'è il sole **però** fa caldo* [two independent sentences]
It's not sunny, but it's hot

*Prendete carta **e** penna* [two elements of the same sentence]
Take/Get some paper and a pen

■ They may make one thought depend on another (that is one sentence on another) and in this case they are called **subordinating (*subordinanti*)**:

*Telefonami **quando** sarai arrivato*
Call me when you arrive

***Se** parlassi a bassa voce potremmo sentire il telegiornale*
If you would/were to talk quietly we could hear the news

Where do they go?

■ Generally the **coordinating conjunctions** go **between the two units** they link:

*Vorrei venire al mare **ma** devo lavorare*
I would like to come to the seaside, but I have to work

*Mangio spesso pane **e** salame*
I often eat bread and salami

■ The **relative coordinating conjunctions** (*congiunzioni coordinanti correlative*) are formed of **two parts**, one goes in the first unit and the other before the second:

*Vorrei **sia** quel quadro **sia** quella cornice*
I would like both the picture and the frame

*Era **così** pesante **che** non sono riuscito a sollevarlo*
It was so heavy that I couldn't lift it

■ The **subordinating conjunctions** can be positioned **between the two units** they link, or **before the first** of the two units:

*Ho incontrato Maria **mentre** camminavo nel parco/**Mentre** camminavo nel parco, ho incontrato Maria*
I met Maria while I was walking in the park/While I was walking in the park, I met Maria

*Li aspetteremo **finché** non arriveranno/**Finché** non arriveranno, li aspetteremo*
We will wait until they arrive

1. COORDINATING CONJUNCTIONS • *CONGIUNZIONI COORDINANTI*

When are they used?

■ The principal **coordinating conjunctions**, grouped according to their functions are:

■ *e* (and), ***anche*** (also/too), ***pure*** (as well), ***né*** (neither ... nor), ***neanche***, ***neppure***, ***nemmeno*** (not even), which simply join two elements and are known as ***copulative***:

*Ho incontrato Anna **e** Mario ieri* [but before a vowel: *Anna **ed** Enrico*]; *Non conosco Gianni **né** l'ho mai visto*
I met Anna and Mario yesterday; I don't know Gianni, nor have I ever seen him

■ *o* (or), ***oppure*** (or else/on the other hand), ***ovvero*** (or/or on the other hand/ alternatively), which indicate a choice between two elements and are known as ***disgiuntive***:

*Puoi comprare questo vestito **o**/**oppure** quella giacca* [one or the other]
You can buy this dress or that jacket

■ *ma* (but), *però* (however), *invece* (instead), *tuttavia* (yet/nevertheless), which express a contrast or an opposition and are known as *avversative*:

> *Non potrò venire al tuo matrimonio, **ma** ti sarò vicina con il pensiero*
> I won't be able to come to your wedding, but my thoughts will be with you

> *Deve studiare per l'esame, **invece** esce sempre con gli amici*
> He must study for his exam, instead he goes out all the time with his friends

■ *cioè* (that is/or rather), *infatti* (in fact), which introduce an explanation and are known as *esplicative*:

> *Prepareremo delle crêpes al cioccolato, **cioè** delle frittatine dolci*
> We will make some chocolate pancakes, or rather some sweet fritters

> *Non è ancora tornato da Roma, **infatti** questa sera non verrà*
> He hasn't come back from Rome, yet; in fact he won't come this evening

■ *dunque* (therefore), *perciò* (so), *quindi* (therefore/hence), which introduce a conclusion with respect to the first clause and are known as *conclusive*:

> *Non c'ero **dunque/perciò/quindi** non so come sono andati i fatti*
> I wasn't there therefore/so/hence I don't know what happened

■ *e ... e* (and ... and), *sia ... sia* (both ... and), *non solo ... ma anche* (not only ... but also), *né ... né* (neither ... nor), *o ... o* (either ... or), which are formed of two parts and are known as *correlative*:

> *Conosco **sia** Gianni **sia** sua sorella; Non conosco **né** Gianni **né** sua sorella*
> I know both Gianni and his sister; I know neither Gianni nor his sister/I don't know either Gianni or his sister

> ***Non solo** sono d'accordo con quello che stai dicendo **ma anche** con quello che avevi detto prima*
> Not only do I agree with what you are saying, but (I also agree) with what you said before

2. SUBORDINATING CONJUNCTIONS • *CONGIUNZIONI SUBORDINANTI*

When are they used?

■ The principal **subordinating conjuctions** (*congiunzioni subordinanti*), grouped according to their functions are:

■ *perché* (because), *poiché* (since), *siccome* (since), *dal momento che* (given that), *dato che* (given that), *per il fatto che* (since), which indicate a cause and are known as *causali*:

> *Non riesco a vedere bene perché non ho i miei occhiali*
> I can't see very well because I haven't got my glasses

> *Siccome fa freddo, indosserò un maglione pesante*
> Since it is cold, I will wear a heavy jumper

■ *come* (like), *più che* (more than), *meno che* (less than), *piuttosto che* (rather than), which introduce comparisons and are known as *comparative*:

> *Preferisco uscire piuttosto che restare in casa*
> I prefer going out rather than staying at home

■ *anche se* (even though), *benché* (though), *sebbene* (though/although), which introduce a concession and are known as *concessive*:

> *Uscirò anche se piove/benché piova*
> I will go out even though it is raining

Note! *Benché* and *sebbene* are followed by a verb in the subjunctive.

■ *se* (if), *purché* (providing), which express a condition and are known as *condizionali*:

> *Se arriverò a casa presto ti telefonerò*
> If I arrive home early I will phone you

> *Ti presto la penna purché tu non la perda* [on the condition that]
> I will lend you a pen providing you don't lose it

▪ **così ... che**, **tanto ... che**, **talmente ... che**, (so ... that), which indicate that the second clause is a consequence of the first and are known as **consecutive**:

> *Quel film era **così/tanto/talmente** noioso **che** mi sono addormentato*
> That film was so boring that I fell asleep

▪ **che** (that), **come** (how), which introduce a discourse and are known as **dichiarative**:

> *Dimmi **che** mi vuoi bene*
> Tell me (that) you love me
>
> *Ti spiego **come** usare questo computer*
> I'll explain to you/show you how to use this computer

▪ **affinché** (in order that/so that), which indicates the aim or the purpose and is known as **finale**:

> *Ti lascio il libro **affinché** tu possa rileggere le parti che ti ho spiegato*
> I'll leave this book with you so that you can re-read the parts that I have explained

Note! **Affinché** is followed by a verb in the subjunctive.

▪ **come** (as), **eccetto (che)**, **tranne (che)**, **salvo (che)**, (except for), which express the manner of the second clause and are known as **modali**:

> *Fai **come** ti ho detto*
> Do as I say

Note! **Eccetto (che)**, **tranne (che)**, **salvo (che)** are also called *limitative*, because they limit what was said in the first clause

> *Prendi tutto **tranne** quella scatola sotto il tavolo*
> Take anything you want except for that box under the table

▪ **quando** (when), **mentre** (while), **finché** (until), **prima che** (before), **dopo che** (after), which indicate time and are known as **temporali**:

Quando sono stanco mi addormento immediatamente
When I am tired I fall asleep immediately

Rimetti in ordine prima che arrivi!
Tidy up before he gets here!

Note! *Prima che* is followed by a verb in the subjunctive.

8. THE SENTENCE

1. CLASSIFICATION OF SENTENCES • CLASSIFICAZIONE DELLE FRASI

What is it?

A sentence (*la frase*) is a group of words that express a **concept**, a **thought**. The most important element is the **verb** which can also form a sentence on its own:

I ragazzi vengono al mare con noi
The boys are coming to the seaside with us

Vengono al mare?
Are they coming to the seaside?

Venite!
Come!

What form does it take?

A sentence may be simple, compound or complex.

The sentence is **simple (*semplice*)** when it contains only one verb:

I bambini corrono nel parco
The children run/are running in the park

A sentence is **compound (*composta*)** when it contains two or more independent verbs and in this case we say that the individual clauses are **coordinated** (→ 8.4):

I bambini corrono nel parco e giocano con la palla [*I bambini corrono nel parco. I bambini giocano con la palla*]
The children are running in the park and playing with the ball.

■ The sentence is **complex (*complessa*)** when it contains two or more verbs, one (or more) of which depends on the **main** clause. In this case we say that the **dependent clauses** are **subordinate** to the main clause, which can be recognised because it could stand by itself (→ 8.5):

> *Quando tornano da scuola, i bambini giocano nel parco che è di fronte alla loro casa* [*Quando tornano da scuola* = subordinate; *i bambini giocano nel parco* = main clause; *che è di fronte alla loro casa* = subordinate]

> When they return from school, the children play in the park in front of their house

When is it used?

The sentence can have four main forms which correspond to the four basic functions within the discourse: **affirmative form** (for making positive statements), **negative form** (for making negative statements), **interrogative form** (for asking questions) and **exclamative form**:

> *Ha 10 anni*
> He is ten years old

> *Non ha 10 anni*
> He is not ten years old

> *Ha 10 anni?*; *Non ha 10 anni?*; *Quanti anni ha?*
> Is he ten years old?; Isn't he ten years old?; How old is he?

> *Ha già 10 anni!*
> He's already ten years old!

2. AFFIRMATIVE, NEGATIVE, INTERROGATIVE AND EXCLAMATIVE FORMS • *FORMA AFFERMATIVA, NEGATIVA, INTERROGATIVA ED ESCLAMATIVA*

The affirmative form • *La forma affermativa*

What form does it take? When is it used?

The affirmative sentence is generally composed of a subject, a verb and any other complements:

Il cane sta abbaiando [*Il cane* = subject; *sta abbaiando* = verb]
The dog is barking

Il cane sta abbaiando in giardino [*Il cane* = subject; *sta abbaiando* = verb; *in giardino* = complement]
The dog is barking in the garden

The **subject** (*soggetto*) is the element that the verb refers to and with which it agrees; it represents the element that carries out or is subject to the action. It may be a **noun**, a **pronoun**, or **another element** of the sentence (verb, adjective, etc.) used as a noun. In Italian, when it is a pronoun, it is not usually expressed:

Il panettiere vende il pane [noun]
The baker sells bread

Egli vende il pane/Vende il pane [pronoun: it is not usually expressed]
He sells bread

Camminare ti fa bene [the verb *camminare* functions as the subject]
Walking is good for you

The **subject does not have** a fixed position: it generally precedes the verb, but it follows some verbs (for example verbs of movement: *andare* to go, *arrivare* to arrive, *venire* to come, etc.) (→ 5.1):

*È arrivato **il postino***
The postman has come

The subject, even when it is a pronoun, goes after the verb when it is to be **emphasised**:

*Chi compra il giornale? Lo compra **Gianni**/Lo compra **lui***
Who buys the newspaper? Gianni buys it/He does

The **complements** (*complementi*) are all additional elements to the subject and the verb which **complete the meaning** of the sentence. They have different functions and, except for the object, are generally accompanied by a prepositon (→ 4.2):

*Mangio **molta pasta*** [*molta pasta* = indicates the object of the verb *mangiare*]

*A Natale i miei nonni pranzeranno **con noi a casa mia*** [*A Natale* = time expression: *complemento di tempo*; *con noi* = prepositional clause: *complemento di compagnia*; *a casa mia* = prepositional clause, *complemento di luogo*]

The negative form • *La forma negativa*

What form does it take? When is it used?

■ The negative form is generally formed by placing the negative adverb ***non*** before the **verb to be denied**:

*Maria **non** mangia carne*
Maria doesn't eat meat

*I bambini **non** hanno fatto i compiti*
The children haven't done their homework

*Tua madre **non** può venire con noi*
Your mother can't come with us

*Ti ho detto di **non** uscire*
I told you not to go out

***Non** scrivere/**Non** scrivete sui muri!*
Don't write/Don't write on the walls!

■ It is possible to place only the personal pronouns *mi*, *ti*, etc. (→ 3.1) between ***non*** and the verb:

*Non **gliel'**ho ancora detto*
I haven't told him yet

■ Other negative elements are:

■ ***non ... mai*** (never), which is used for absolute negation:

*I vegetariani **non** mangiano **mai** carne*
Vegetarians never eat meat

***Non** l'abbiamo **mai** visto qui*
We have never seen him here

***Non** puoi **mai** venire*
You can never come

*Ti ho detto di **non** dire **mai** bugie*
I told you never to tell lies

Non fumare/*Non* fumate **mai** *in locali chiusi!*
Don't smoke/Never smoke in an enclosed space!

non ... più (never again, no longer, not any more), which are used to express the idea of a negation that means 'from this moment on'. To reinforce the negation, *più* can be preceded by *mai* (**non ... mai più**):

Non verrò **più** *al mare con te*
I will never go to the seaside with you again

Non l'ho **più** *incontrato*
I never met him again

Non possiamo **più** *entrare*
We can't get in any more

Ti ho detto di **non** *farlo* **più**
I told you not to do that again

Non farlo/*Non* fatelo **più**!
Don't do that/Don't do that again!

Non pranzerò **mai più** *in quel ristorante*
I will never again eat in that restaurant

non ... nessun(o)/-a (no-one); **niente, nulla** (nothing), which indicate 'not even one person or thing' (→ 2.4):

Non ha telefonato **nessuno**; *Non* è successo **niente/nulla**; *Non* ho **nessun** *amico*/**nessuna** *amica qui*
No-one telephoned; Nothing happened; I have no friends here

Note! In Italian it is possible to use two negatives in a sentence. *Non* ha telefonato *nessuno* literally means '**Not nobody** has phoned'.

(non ...) né ... né (neither ... nor), which exclude both elements of a possible choice:

Non voglio **né** *tè* **né** *caffè*
I want neither tea nor coffee/I don't want either tea or coffee

Né Mario **né** *Luca sono venuti*
Neither Mario nor Luca has come

The interrogative form and the interrogative pronouns •
La forma interrogativa e gli interrogativi

What form do they take? When are they used?

■ The **direct** interrogatives are of two types: questions that require
an affirmative or a negative response (*Sì/No*) and questions that
require an **open** (or complete) response. The former have the
same structure as affirmative or negative sentences, but they are
pronounced with a **rising intonation** (the voice goes up at the
end of the sentence); the latter are always introduced by an **interrogative pronoun**:

> *Hai comprato il caffè?* [*Sì/No*]
> Have you bought the coffee? [Yes/No]
>
> *Che cosa vuoi?* [*Voglio una fetta di torta*]
> What do you want? [I want a slice of cake]

Note! When **written** direct questions always finish with a **question mark (?)**.

■ Questions can also be **indirect**, introduced by a verb such as
chiedere to ask, *richiedere* to request, *domandare* to ask, *dire* to
say, etc.). The indirect interrogatives which require a Yes/No answer are introduced by *se* (if), while open answers are introduce
by an **interrogative** and maintain the **same structure** as the direct form:

> *Ti ho chiesto se hai comprato il caffè* [*Sì/No*]
> I asked you if you had bought the coffee [Yes/No]
>
> *Ti ho chiesto che cosa vuoi* [*Voglio una fetta di torta*]
> I asked you what you want [I want a slice of cake]

Note! Indirect questions have the same **intonation** as the **affirmative** sentences and when written they **are never followed by
a question mark**.

■ The **interrogatives** always go **at the beginning of the sentence**
and can sometimes be preceded by **preposition**:

che cosa (*che cos'* + vowel) (what) is invariable and is used only for **things**. In colloquial Italian it is often replaced by *che* or *cosa*:

> *Che cosa/Che/Cosa desidera?*
> What would you like?

> *Di che cosa/Di che/Di cosa state parlando?*
> What are you talking about?

> *Mi dica che cosa/che/cosa desidera*
> Tell me what you would like

> *Ti ho chiesto di che cosa/di che/di cosa state parlando*
> I asked you what you are talking about

chi (who) is invariable and is used only for **people**:

> *Chi ha telefonato?*
> Who telephoned?

> *Con chi sei uscito?*
> Who did you go out with?

> *La mamma mi ha chiesto chi è il tuo professore di italiano*
> Mother asked me who your Italian teacher is

> *Vorrei sapere con chi sei uscito*
> I would like to know who you went out with

come (*com'* + *essere*) (how) is invariable and is used to find out **how** an action is carried out or to obtain a description of a situation, a thing/person/animal:

> *Come vieni a scuola?*; *Vorrei sapere come vieni a scuola*
> How do you come to school? I would like to know how you come to school

> *Come stai? Bene grazie*; *Dimmi come stai*
> How are you? Fine thanks; Tell me how you are

> *Com'è la tua auto?*; *Mi hanno chiesto com'è la tua auto*
> What is your car like?; They asked me what your car is like

Note! In Italian the question **what...like?** is expressed using *com'è*/*come sono*, literally 'how... is'/'how ... are'.

■ *dove* (*dov'* + *essere*) (where) is invariable and is used to obtain information about a **place**:

> *Dove abiti?*; *Vogliono sapere dove abiti*; *Dov'è il bagno?*
> Where do you live?; They want to know where you live; Where is the bathroom?

> *Chiede sempre dov'è il bagno*
> He always asks where the bathroom is

> *Dove andiamo?*; *Dimmi dove andiamo* [destination]
> Where are we going? Tell me where we are going

> *Da dove vieni?*; *Sul modulo devi specificare da dove vieni* [origin]
> Where do you come from?; On this form you must put where you come from

■ *perché* (because) is invariable and is used to ask the **reason**, the **cause**:

> *Perché non è ancora tornato?*; *Vorrei sapere perché non è ancora tornato*
> Why hasn't he come back yet?; I would like to know why he hasn't come back yet

■ *quando* (*quand'* + *essere*) (when) is invariable and is used to ask about **time**:

> *Quando siete arrivati?*; *Ditemi quando siete arrivati*; *Quand'è il concerto?*; *Gianni mi ha chiesto quand'è il concerto*
> When did you arrive?; Tell me when you arrived; When is the concert?; Gianni asked me when the concert is

> *Da quando vivi a Roma?*; *Vorrei sapere da quando vivi a Roma*
> How long have you been living in Rome?; I would like to know how long you have been living in Rome

> *Per quando hai bisogno di questi documenti?*; *Mi hanno chiesto per quando hai bisogno di quei documenti*
> When do you need these documents?; They asked me when you need these documents

■ *quale* (which) is invariable for the masculine and the feminine forms; the plural is *quali*. It is used to offer a **choice**:

Quale vuoi?; *Quale di queste maglie/di questi vestiti indosserai stasera?*; *Quale giornale leggi di solito?*; *Dimmi **quale** vuoi/**quale** di queste maglie indosserai*
Which do you want?; Which of these jumpers/which of these dresses will you wear this evening?; Which newspaper do you usually read?; Tell me which you want/which of these jumpers you will wear

Quali vuoi?; *Quali di questi dischi/di queste cassette ascolterai?*; *Quali film preferisci?*; *Dimmi **quali** vuoi/**quali** di questi dischi ascolterai*
Which do you want?; Which of these records/of these cassettes will you listen to?; Which film do you prefer?; Tell me which of these records you will listen to

Note! *Quale* followed by *è/era* does not require an apostrophe (')

Qual è/era la capitale d'Italia?
Which is/was the capital of Italy?

quanto (m. sing.), **quanta** (f. sing.) (how much), **quanti** (m. pl.), **quante** (f. pl.) (how many) is used to ask about quantity:

*Quanto sale ci vuole nella pasta?/Non so **quanto** sale ci voglia nella pasta*
How much salt is needed in the pasta/I don't know how much salt is needed in the pasta

*A **quante** ragazze hai mandato l'invito?/Vorrei sapere **a quante** ragazze hai mandato l'invito*
How many girls have you sent an invitation to?/I would like to know how many girls you have sent an invitation to

Quanti verranno?
How many will come?

The exclamative form • *La forma esclamativa*

What form does it take? When is it used?

The exclamative form is used to express **strong emotion** (surprise, amazement, joy, pain). It can be **with** or **without** a verb.

The exclamative form without a **verb** is introduced by:

■ **che** + adjective/noun/adjective and noun:

Che bello!; *Che dolore!*; *Che bella casa!*; *Che casa grande!*
How nice!; How painful!; What a lovely house!; What a big house!

■ **qual(e)** + noun/adjective and noun (is often replaced by *che*):

Quale/Che sorpresa!
What a surprise!

Qual buon vento! [colloquial expression]
What are you doing here?/What a nice surprise!

■ **quanto/-a/-i/-e** + noun/adjective and noun:

Quanto lavoro!; *Quanti bei regali!*; *Quanti regali costosi!*
What a lot of work!; What lovely presents!; What expensive
presents!

Note! Exclamations such as: **bella idea!** (good idea), **buona for-
tuna!** (good luck), **buon viaggio!** (have a good trip), etc. are also
exclamations without a verb.

■ Exclamations with a **verb** are introduced by:

■ **come/com'** + verb:

Come sono interessanti questi articoli!; *Com'è alto quell'uomo!*;
Come hai potuto!
How interesting these articles are!; How tall that man is!; How could
you!

■ **quanto/-a/-i/-e** (**quant'** before a vowel) + verb:

Quant'è piccolo!; *Quanto costa!*; *Quanti sono!*
How tiny it is!; How expensive!; What a lot!

■ **che cosa/che cos'** + verb:

Che cos'hai fatto!/Che hai fatto!/Cos'hai fatto!
What have you done!

chi + verb:

> **Chi** *l'avrebbe mai detto!*
> Who would have thought so!

3. ACTIVE VOICE AND PASSIVE VOICE •
FORMA ATTIVA E FORMA PASSIVA

What are they?

A sentence is called **active** (***attiva***) if the verb is in the active voice, and it is called **passive** (***passiva***) if the verb is in the passive voice (→ 5.1).

Transitive and intransitive verbs can be in the active voice, but only **transitive** verbs can also be in the **passive voice** because they can have an **object** (***complemento oggetto***):

> *Paolo **ha comprato** i biglietti* [transitive active, can also be in the passive voice: *I biglietti **sono stati comprati** da Paolo*]
> Paolo bought the tickets./The tickets were bought by Paolo

> ***Siamo andati** al cinema* [intransitive, and therefore only active voice]
> We went to the cinema

> ***Abbiamo riso** a crepapelle* [intransitive, and therefore only active voice]
> We laughed until our sides split

What form do they take?

The **active sentence** is formed by the **subject** who **carries out the action** of the verb + **verb** (in the active voice) + any complements:

> *Il postino consegna la posta tutte le mattine* [*Il postino* = subject who carries out the action; *consegna* = verb; *la posta* = object; *tutte le mattine* = time expression]
> The postman delivers the post every morning

In a **passive sentence** the **object** of the active voice becomes the **subject** (that receives the action of the verb), while the subject of the active voice becomes a **complement** introduced by the preposition **da** (*dal*/*dallo*/*dalla*, etc.); the **verb** takes the passive voice, that is: auxiliary **essere** (or **venire** in more formal texts) + **past participle**:

> *La posta è/viene consegnata dal postino tutte le mattine* [*La posta* = subject that receives the action of the verb; *è consegnata* = verb in passive voice; *dal postino* = complement that carries out the action of the verb; *tutte le mattine* = time expression]
> The post is delivered by the postman every morning

■ The complement introduced by the preposition **da** (*dal*/*dallo*/*dalla*, etc.) can also be omitted:

> *La posta è/viene consegnata tutte le mattine*
> The post is delivered every morning

■ It is also possible to create a sentence with the same meaning using the particle **si** (**si passivante**) before an active verb in the third person singular or plural:

> **Si** *consegna la posta*/**Si** *consegnano i giornali tutte le mattine*
> The post is delivered/The newspapers are delivered every morning

When are they used?

■ The **active voice** is the most common and is used when it is necessary to emphasise the **element that carries out the action** of the verb:

> *Qualcuno* **ha** *finalmente* **riparato** *la porta* [active voice: interest centres on the action and the subject that carried out the action]
> At last someone has repaired the door

■ The **passive voice** emphasises the **object** which receives the action of the verb; it is used when it is not possible or we do not want to express the element that carries out the action:

> *La porta* **è stata** *finalmente* **riparata** [passive voice: interest centres on the door and on the fact that it has been repaired, not on the person who repaired it]
> The door has been repaired at last

4. COMPOUND SENTENCES • *FRASI COORDINATE*

What are they? When are they used?

A sentence can be formed of a number of clauses; when these are **independent** and they both have the same structure they are called *coordinate* and they form a **compound sentence** (*periodo composto*).

What form do they take?

There are two types of **compound sentence**:

those formed by two or more clauses simply put together and separated, when written, by a comma (**,**) or by a semi-colon (**;**) or by a colon (**:**):

Il cane è fedele, la volpe è furba
The dog is faithful, the fox is cunning

Ho visto molte opere d'arte bellissime in Italia; amo molto l'arte italiana
I saw a lot of beautiful works of art in Italy; I love Italian art

Questa è la ricetta per la frittata: prendete quattro uova, sbattetele e friggetele in padella
This is the recipe for the omelette: take four eggs, beat them and cook them in a frying pan

those formed by two or more clauses linked by a **coordinating conjunction** (*congiunzioni coordinanti* → 7.1):

*Mio figlio mangia **e** dorme*
My son eats and sleeps

*Puoi tenerlo **o** darlo a un amico*
You can keep it or give it to a friend

*Non l'ho **né** visto **né** sentito*
I have neither seen him nor heard from him

*Il cane è fedele **ma/però** a volte può mordere*
The dog is faithful but/however sometimes it bites

*Quel cane è molto fedele, **infatti** segue sempre il suo padrone*
That dog is very faithful, in fact it always follows its owner

*Quella casa è il doppio di questa, **cioè** misura 120 metri quadrati*
That house is twice as big as this one, that is 120 square metres

*Non dobbiamo lavorare, **dunque/perciò/quindi** verremo*
We don't have to work, therefore/so/hence we will come

5. SUBORDINATE SENTENCES • *FRASI SUBORDINATE*

What are they?

When a sentence is composed of **two or more clauses** of which **at least one** is **dependent** on the main clause, it is known as a **complex sentence (*periodo complesso*)**: the dependent clauses are known as *subordinate*:

*Verranno **quando** potranno* [*Verranno* = independent; *quando potranno* = subordinate]
They will come when they can

■ The subordinates may be linked to an independent clause, or to another dependent clause:

*Verranno **quando** avranno finito il lavoro **che** hanno cominciato* [*Verranno* = independent; *quando avranno finito il lavoro* = subordinate that depends on *verranno*; *che hanno cominciato* = subordinate that depends on *quando*...]
They will come when they have finished the work they have started

■ When two or more subordinates depend on the same clause, they are linked by **coordinating conjunctions** (→ 7.1):

*Verranno **quando** potranno **e se** vorranno* [*Verranno* = independent; *quando potranno e se vorranno* = subordinates, that depend on *verranno*]
They will come when they can and if they want to

What form do they take?

■ The subordinates are generally **introduced by elements** (subordinating conjunctions → 7.2, prepositions, pronouns, compound forms) that indicate their function:

*Mi telefonano sempre **mentre** sto mangiando* [conjunction]
They always phone while I am eating

*Siamo qui riuniti **per** celebrare il matrimonio di Anna e Mario*
[preposition]
We meet here to celebrate the marriage of Anna and Mario

*Giorgio ha un gatto **che** miagola continuamente* [relative pronoun →
8.5 Relative sentences and relative pronouns]
Giorgio has a cat that miaows all the time

*È **talmente** buono **che** ne mangerei ancora* [compound form of the
adverb *talmente* + conjunction *che*]

However, sometimes they are not marked by any element and in
this case the verb is in the subjunctive, the infinitive, the gerund
or the past participle:

***Avessi** molti soldi, non lavorerei* [conjunctive]
If I had a lot of money, I wouldn't work

*È bello **andare** al mare* [infinitive]
It's fun to go to the seaside

***Camminando** per la città, ho incontrato Anna* [gerund]
Walking through the town, I met Anna

***Arrivato** all'incrocio, gira a sinistra!* [participle]
When you get to the crossroads, turn left

Where do they go?

The subordinates can **go before** or **after** the clause they depend
on, or be **inside** in them:

***Quando** arrivi a Milano telefonami* [before]
When you get to Milan, phone me

*Non ti ho chiamato **perché** non sono uscito* [after]
I didn't call you because I didn't go out

*Mario, **che** è un mio caro amico, vive a Roma* [inside]
Mario, who is a dear friend of mine, lives in Rome

When are they used?

- The subordinate clauses are of various kinds and have a number of functions:

- some **express** the **time,** the **cause**, the **condition**, etc. of the principal clause

  *Non sono venuto in ufficio **perché ero malato*** [subordinate that expresses the cause]
  I didn't come to the office because I was ill

- others are elements of the principal clause (either the **subject** or the **object**):

  *Mi ha detto **che avrebbe fatto tardi*** [subordinate that represents the object; *che* is a conjunction]

- finally there are **relative clauses** which have the same function as the qualitative adjectives:

  *Non ho visto la donna **che era seduta in quella poltrona***
  [subordinate *relativa*: indicates a characteristic; *che* is a relative pronoun]
  I didn't see the woman who was sitting in that armchair

Note! Some kinds of subordinate sentence (**relative sentences**, **reported speech**, **conditional clauses**) have special characteristics and are dealt with separately.

Relative sentences and relative pronouns • *Le frasi relative e i relativi*

What are they?

The relative clauses **give information** about a **noun that belongs to another clause** on which they depend.

- If the information supplied is **necessary** for identifying the noun itself, the **relative clause** is known as *restrittiva* (defining):

*La ragazza **che** vedi laggiù è mia sorella* [*che vedi laggiù = relativa restrittiva* because it specifies exactly which girl we are talking about]

The girl that you can see over there is my sister

▮ If the information is **additional**, that is it could be omitted (non-definig), the **relative clause** is known as ***non restrittiva*** (generally when writing it goes between two commas, and when speaking the tone is lowered and the relative clause is preceded and followed by a short pause):

*Mario, **che** vedi laggiù, è un mio amico* [*che vedi laggiù = relativa non restrittiva* because it supplies additional information]

▮ There is also a particular type of relative clause that **replaces the noun**:

***Chi** sta arrivando è un grande attore* [*Chi sta arrivando* includes the pronoun *chi* which replaces a generic noun such as *l'uomo che*]

The man who is arriving is a famous actor

What form do they take? When are they used?

The defining and non-defining relative clauses are introduced by a **relative pronoun** (that replaces the noun that goes before it and to which it refers). The relative pronouns can have different forms and functions:

▮ ***che*** (that) is **subject** or **object**, it is invariable and it refers to **people** and **things**:

*Riesco a vedere quell'uomo **che** sta parlando* [*che* = subject; replaces *l'uomo*]
I can see that man who is talking

*Riesco a vedere quell'uomo **che** stai descrivendo* [*che* = object; replaces *l'uomo*]
I can see the man you are describing

*Ho visto il film **che** ha vinto il festival* [*che* = subject; replaces *il film*]
I saw the film that won the festival

*Ho visto il film **che** mi avevi consigliato* [*che* = object; replaces *il film*]
I saw the film you recommended

- ■ **cui** (to whom/to which/whose) is invariable and is used for **people** and **things**: when it is preceded by a **preposition** it expresses the various complements, except for the object; when it is preceded by **il**/**la**/**i**/**le** expresses possession:

   *Conosco la persona **con cui** stavi parlando* [you were talking to the person]
   I know the person you were talking to/I know the person to whom you were talking

   *Conosco la persona **a cui** stai scrivendo* [you are writing to the person; the preposition *a* can be omitted: *la persona cui stai scrivendo*]
   I know the person you are writing to/I know the person to whom you are writing

   *Conosco la persona **la cui** macchina è parcheggiata qui* [the car belongs to the person]
   I know the person whose car is parked here

Note! *In cui* (in which) may be replaced by *dove* (where) when it means *in quel luogo* (in that particular place):

   *La città **in cui**/**dove** sono nato è sul mare*
   The town in which/where I was born is by the sea

   *Il giorno **in cui** ti ho incontrato pioveva* [*Il giorno dove* is incorrect!]
   The day (on which) I met you it was raining

- ■ **il quale**, **la quale**, **i quali**, **le quali** (to whom/to which/in which) preceded by a **preposition** have the same functions as the compound forms with **cui** and can replace them:

   *Conosco la persona **con la quale** stavi parlando* [con cui]
   I know the person you were talking to/I know the person to whom you were talking

   *Conosco la persona **alla quale** stai scrivendo* [a cui]
   I know the person you are writing to/I know the person to whom you are writing

   *La città **nella quale** sono nato è sul mare* [in cui/dove]
   The town in which/where I was born is by the sea

   *Conosco la persona la macchina **della quale** è parcheggiata qui* [the form **la cui** macchina is more commonly used]
   I know the person whose car is parked here

Note! Occasionally these forms also replace *che*:

> *Ho incontrato Mario, che ora vive a Milano/Ho incontrato Mario, il*
> *quale ora vive a Milano*
> I met Mario, who now lives in Milan

■ The relative clauses that **replace the noun** are introduced by various elements and by compound forms:

■ *chi/colui* (m. sing.), *colei* (f. sing.), *coloro* (m. and f. pl.), (who/whoever) + *che* (that/which) refer to **people**:

> *Chi/Colui (Colei) che ha rotto questo vetro pagherà; Coloro che*
> *hanno rotto questo vetro pagheranno*
> The person who/Whoever broke this window will pay; The people who/Whoever broke this window will pay

> *Dallo a chi vuoi* [less common: *a colui/colei/coloro che*]
> Give it to whoever you want

■ *chiunque* (anybody/anyone) is invariable and refers to **people**:

> *Porta chiunque vuoi*
> Bring anybody you want

■ *ciò che/quello*, *quella*, *quelli*, *quelle che* (what/whatever) refers to **things**:

> *Compra solo ciò che/quello che ti serve*
> Buy only what you need

■ *dove/ovunque/dovunque* (where/everywhere/wherever) indicate the **place**:

> *Andremo dove vorrai*
> We'll go where you want to go

> *Andremo ovunque vorrai*
> We'll go everywhere/wherever you want

■ *quanto*, *quanta*, *quanti*, *quante* (as much/many as, however much/many) refers to **things**:

Prendine **quanto** *ne vuoi* [*quello che, la quantità che* = what you want/the quantity you want]
Take as much as you want

Note! *Chi*, **quanto/-a/-i/-e** and **dove**, can be both relative and interrogative pronouns.

Where do they go?

- Defining and non-defining relative clauses always **follow** the **noun** they refer to:

  La città **che** *preferisco è Parigi*
  The city that I prefer is Paris/My favourite city is Paris

  Parigi, **che** *è la città che preferisco, è la capitale della Francia*
  Paris, which is the city I prefer, is the capital of France/Paris, which is my favourite city, is the capital of France

- The relative clauses that replace the noun **precede** or **follow** the clause they depend on, or **are inserted** within it:

  Chi *ha parlato si avvicini!*; *Dammi* **quello che** *ti ho chiesto*; *Milano,* **dove** *abito, è una grande città*
  Whoever spoke come here!; Give me what I asked you for; Milan, where I live, is a large city

Reported speech • Il discorso indiretto
What is it? When is it used?

- **Quote structures** (**discorso diretto**) refer a statement precisely, when written it is introduced by **inverted commas** (" "):

  La mamma dice sempre: "Devi mangiare tutto!"
  Mother always says: "You must eat up!"

- **Reported speech** (**discorso indiretto**) also reports someone's words, but it uses a **subordinate** linked to an independent clause:

*La mamma dice sempre **che devo mangiare tutto*** [subordinate linked
to the main clause by *che*]
Mother always says that I must eat up

*La mamma mi dice sempre **di mangiare tutto*** [subordinate linked to
the main clause by *di*]
Mother always tells me to eat up

What form does it take?

Reported speech is formed of **two clauses**: in the **first** there is
a **verb** (*dire* to say, *pensare* to think, *credere* to believe, *ritenere*
to feel/consider, *chiedere* to ask, *domandare* to ask, etc.) which
introduces a **discourse**, a **thought**, a **question**; in the **second**
all the **elements** (subject, verb, complements) **change** according to the subject, the mood and the time of the verb, and the
entire situation expressed in the first clause. The second clause
can be introduced by **che**, **di** or **se**, or by an **interrogative** when
it is a question.

Reported speech introduced by **che** + verb in the **indicative**:

DISCORSO DIRETTO (INDICATIVO)	DISCORSO INDIRETTO (INDICATIVO)
Presente + Presente	*Presente + Presente*
Dice: "È tua"	*Dice **che** è tua*
He says, "It's yours"	He says it's yours
Passato/Trapassato + Presente	*Passato/Trapassato + Passato*
Diceva/Disse: "È tua"	*Diceva/Disse **che** era tua*
He said, "It's yours"	He said it was yours
Ha detto/Aveva detto: "È tua"	*Ha detto/Aveva detto **che** era tua*
He said/had said, "It's yours"	He said/had said that it was yours
Presente/Passato + Passato	*Presente/Passato + Passato/ Trapassato*
Dice: "Era/È stata tua"	*Dice **che** era/è stata tua*
He says, "It was/has been yours"	He says that it was/has been yours
Diceva: "Era/È stata tua"	*Diceva **che** era stata tua*
He said/used to say, "It was/ has been yours"	He said/used to say that it had been yours
Disse: "Era/È stata tua"	*Disse **che** era stata tua*

He said, "It was/has been yours"	He said that it had been yours
Ha detto: "Era/È stata tua"	*Ha detto **che** era stata tua*
He has said, "It was/has been yours"	He has said that it had been yours

DISCORSO DIRETTO (INDICATIVO)	*DISCORSO INDIRETTO (CONDIZIONALE)*
Passato/Trapassato + Futuro	*Passato/Trapassato +Condizionale passato*
Diceva/Disse: "Sarà tua"	*Diceva/Disse **che** sarebbe stata tua*
He used to say/said, "It will be yours"	He used to say/said that it would have been yours
Ha detto/Aveva detto: "Sarà tua"	*Ha detto/Aveva detto **che** sarebbe stata tua*
He has said/had said, "It will be yours"	He has said/had said that it would have been yours

Note! The verbs ***pensare*** (to think), ***credere*** (to believe), ***ritenere*** (to feel/consider) and similar verbs introduce clauses in the **subjunctive *congiuntivo*** (*presente, passato, imperfetto* and *trapassato*):

Penso che sia una buona idea [Penso: "È una buona idea"]
I think it is a good idea [I think, "It is a good idea"]

Penso che sia stata una buona idea [Penso: "È stata una buona idea"]
I think it was a good idea [I think, "It was a good idea"]

Ho pensato che fosse una buona idea [Ho pensato: "Era una buona idea"]
I thought it was a good idea [I thought, "It was a good idea"]

Avevo pensato che fosse stata una buona idea [Avevo pensato: "Era stata una buona idea"]
I had thought that it was a good idea [I had thought, "It was a good idea"]

■ Reported speech introduced by ***di*** + infinitive: is used when the verb of the first clause and that of the second clause have the **same subject** or when it reports an **order**, a **command** or an **instruction**:

*Penso/Pensavo **di** andare al mare [the first and second clauses have the same subject]*
I thought of/was thinking of going to the seaside

*Ti ho detto **di** stare zitto* [*Stai zitto!*]
I told you to be quiet/to shut up! [Be quiet/Shut up!]

■ In the **indirect interrogatives** the question is introduced by a verb such as ***chiedere*** (to ask) ***domandare*** (to ask), etc. followed by ***se*** or by an **interrogative**:

*Mi chiedono sempre **se** so parlare italiano*
I am often asked if I can speak Italian

*Mio padre ha chiesto **che cosa** farete la prossima estate*
My father asked what you will do next summer

■ When passing from direct speech to indirect speech the **time** and the **mood** of the verb **change**, and when necessary the **subject** and **other forms** also **change** (possessives and time expressions):

Dice: "È mia" → *Dice che è **sua***
He says, "It's mine" → He says it is his

*Mi disse: "**Ho** comprato la **mia** nuova auto **ieri**"* → *Mi disse che **aveva** comprato la **sua** nuova auto **l'altro giorno***
He said, "I bought my new car yesterday" → He told me he had bought his new car the day before

Conditional clauses • *Il periodo ipotetico*

What are they?

They are clauses that indicate the **conditions** on which something else is dependent. This is a complex structure and often presents difficulties even for Italians.

What form do they take? When are they used?

The conditional sentence consists of a **main clause** and a **subordinate**, generally introduced by ***se*** (if). There are three types of conditional sentence.

■ The conditional sentence used to talk about something that is

possible or probable is known as ***periodo ipotetico della realtà***.
All the verbs are in the ***indicativo***:

> *Se piove ci bagniamo/Ci bagniamo se piove*
> If it rains, we'll get wet/We'll get wet, if it rains

> *Se pioverà ci bagneremo/Ci bagneremo se pioverà*
> If it rains, we'll get wet/We'll get wet, if it rains

■ To talk about a situation in the present that is possible but very im-
probable we use the ***periodo ipotetico della possibilità.*** The
verb preceded by ***se*** (if) is in the ***congiuntivo imperfetto***, while
the verb in the independent clause is in the ***condizionale presente***:

> *Se non piovesse andremmo al mare/Andremmo al mare se non
> piovesse*
> If it weren't raining we would go to the seaside/We would go to the
> seaside if it weren't raining

■ The verb in the independent clause can also be in the ***imperativo***:

> *Se hai dei problemi, dimmelo!/Dimmelo se hai dei problemi*
> If you have any problems, tell me!/Tell me if you have any problems

> *Se avessi dei problemi, dimmelo!/Dimmelo se avessi dei problemi*
> If you should have any problems, tell me!/ Tell me if you should
> have any problems

■ The conditional clause used to talk about impossible or unreal
situations is the ***periodo ipotetico dell'irrealtà***. When the situation described refers to the present, the verb preceded by ***se*** (if)
is in the ***congiuntivo imperfetto***, while that in the independent
clause is in the ***condizionale presente***. When the situation refers
to the past, the verb preceded by ***se*** is in the ***congiuntivo trapassato***, while that in the independent clause is in the ***condizionale passato***:

> *Se avessi le ali volerei* [it is impossible for me to have wings; refers
> to the present]
> If I had wings, I would fly

> *Saremmo andati al mare se non avesse piovuto* [but we didn't go;
> reference to the past]
> We would have gone to the seaside if it hadn't rained

In **colloquial Italian** the ***imperfetto indicativo*** is often used instead of the *congiuntivo trapassato* and the *condizionale passato* for possible or unreal situation, however it is advisable to use the form with the *congiuntivo* and the *condizionale*:

Se non pioveva andavamo al mare
If it hadn't rained, we would have gone to the seaside

Other types of subordinate clauses

What form do they take? When are they used?

The various types of subordinate clauses which have different functions in the sentence are grouped below according to the **mood of the verb** that they include.

Sentences that have the verb in the **indicative** and are used:

to specify the **cause** are mainly introduced by ***perché*** (because), *poiché*, ***siccome*** (since), ***dato che/visto che*** (given that /considering that):

*Non toccare la pentola **perché** scotta!*
Don't touch the pan because it is hot!

***Poiché/Siccome/Dato che/Visto che** ho la febbre non verrò alla festa*
[also: *Non verrò alla festa **perché** ho la febbre*]
Since/Given that/Considering that I have a fever (I am running a temperature) I won't come to the party [also: I won't come to the party because I have a fever]

to express **time** are linked to the main clause by ***quando*** (when), ***mentre*** (while), ***dopo che*** (after), ***finché*** (until). A time subordinate can also be introduced by expressions such as ***la prima volta che*** (the first time that), ***una volta che*** (once), ***ogni volta che*** (every time that):

***Quando** vuoi venire a trovarmi, telefonami!*
When you want to come and visit, phone me!

***Mentre** dorme russa*
While he sleeps, he snores

*Usciremo **dopo che** avrai finito di preparare il pranzo*
We will go out after we have finished preparing the lunch

*Non guardare **finché** non te lo dico*
Don't look until I tell you to

***La prima volta che** sono andata a Parigi è stata una grande emozione*
The first time I went to Paris it was very exciting

■ to express a **concession** are usually introduced by ***anche se*** (even if/even though):

*Verrò **anche se** piove*
I will come even if it rains

■ to indicate a **consequence** are introduced by ***così/tanto/talmente ... che*** (so ... that):

*Era **così/tanto/talmente** grande **che** non sono riuscito a trasportarlo*
It was so big that I couldn't carry it

■ to specify the **manner** in which an action is carried out or make a **comparison** are usually preceded by ***come*** (as):

*Farò **come** vuoi*
I will do as you wish

*Siamo andati in montagna **come** avevamo fatto l'anno scorso*
We went to the mountains, as we did last year

■ with the **impersonal verbs** are linked to the main clause by ***che*** (that):

*È noto **che** gatti e cani non vanno d'accordo*
It is known that cats and dogs don't get on

■ Sentences that have the verb in the ***subjunctive*** and are used:

■ to express **time** are usually preceded by ***prima che*** (before):

***Prima che** sia troppo tardi, diglielo!*
Before it is too late, tell him!

to indicate the **purpose**, the **objective** of an action are introduced by **affinché** (in order to), **perché** (so that):

> *Ho aperto la finestra **affinché/perché** ci sia più luce nella stanza*
> I opened the window in order to allow more light into the room/so that there was more light in the room

to express a **concession** are usually linked to the main clause by **benché** (even though), **nonostante** (in spite of the fact that):

> *Verrò **benché/nonostante** piova*
> I will come even though/in spite of the fact that it is raining

> *È venuto **benché/nonostante** piovesse*
> He came even though/in spite of the fact that it is raining

in order to specify the **manner** in which an action is carried out or a **comparison** are mainly introduced by **come** (as if), **di quanto** (than)

> *Mi ricordo tutto **come** fosse successo ieri*
> I remember as if it had happened yesterday

> *È più interessante **di quanto** pensassi*
> It is more interesting than I thought

with the **impersonal verbs** are linked to the main clause by **che** (that):

> *È bello **che** tu sia qui*
> It is wonderful that you are here

> *Si dice **che** quell'uomo non sia intelligente*
> It is said that that man is not intelligent

Sentences that include a **conditional** and are used:

to express **opposition** are introduced by **mentre** (while):

> *È venuto alla festa **mentre** avrebbe dovuto lavorare*
> He came to the party, while he should have been working

to express a **consequence** are preceded by **così/tanto/talmente ... che** (so ... that):

*Quel cucciolo era **così/tanto/talmente** ben addestrato **che** sarebbe diventato un ottimo cane da riporto*
That puppy was so well trained that it would become an excellent retriever

■ with the **impersonal verbs** are linked to the main clause by **che** (that):

*Era evidente **che** non avrebbe funzionato*
It was obvious that it would not work

■ Sentences that include the **infinitive** and are used:

■ to indicate the **cause** are introduced by **per** + past infinitive:

*Il ladro è stato condannato **per** aver commesso il furto*
The thief was sentenced for having committed the theft

■ to express **time** are usually introduced by **prima di** (before), **dopo** (after):

***Prima di** partire, chiamami!*
Before you leave, call me!

***Dopo** aver mangiato, dorme*
After eating, he sleeps

■ to indicate the **purpose**, the **objective** are followed by **per/al fine di/allo scopo di** (to/in order to) + present infinitive:

*Ho preso l'aereo **per/al fine di/allo scopo di** venire qui*
I took a plane to/in order to come here

■ to express **opposition** are linked to the main clause by **invece di** (instead of/rather than):

*Mio figlio gioca sempre **invece di** studiare*
My son is always playing instead of studying

■ to express a **consequence** are introduced by **così/tanto/talmente ... da** (so ... that):

*Era **così/tanto/talmente** grande **da** non poter essere spostato*
It was so big that it could not be moved

to express the **manner** in which an action is carried out are linked to the main clause by **senza** (without), **oltre a** (as well as):

> *Entra senza fare rumore*
> Come in without making a noise

> *Oltre a suonare la chitarra, canta molto bene*
> As well as playing the guitar he sings very well

with the **impersonal verbs**, with **dovere** (must/to be obliged to), **potere** (can), **volere** (to want) and with **fare** (to do) do not have an introductory element:

> *È bello riposarsi dopo una giornata faticosa*
> It is pleasant to rest after a tiring day

> *Oggi devo lavorare; Oggi posso venire; Oggi voglio cenare con Luca*
> Today I have to work; Today I can come; Today I want to have dinner with Luca

> *Mi fa sempre arrivare in ritardo*
> He always makes me arrive late

with the **verbs of movement** (*andare* to go, *venire* to come, *salire* to ascend/climb/get on, *scendere* to descend/get off, etc.); they are introduced by **a**:

> *Vado a fare la spesa*
> I am going to do the shopping

with some **nouns** and **adjectives** are preceded by **di**, **da**, **a**:

> *La claustrofobia è la paura di stare in luoghi chiusi*
> Claustrofobia is the fear of being in enclosed spaces

> *Ho molte cose da fare*
> I have a lot of things to do

> *È adatto a svolgere questo lavoro*
> It is suitable for this task

Sentences that include the **gerund** and are used to express:

the **cause** are not introduced by other elements:

> *Essendo tardi [poiché era tardi] non ti ho telefonato*
> Being late [since it was late] I didn't ring you

■ **time** are not introduced by other elements:

> ***Camminando*** *nel parco* [*mentre stavo camminando nel parco*] *ho incontrato tuo fratello*
> Walking in the park [while I was walking in the park] I met your brother

■ a **concession** are preceded by *pur* (though):

> *Verrò **pur avendo** [anche se ho] molte cose da fare*
> I will come though I have a lot of things to do

■ the **manner** or the **means** in which the action is carried out are not introduced by other elements:

> *Sono arrivato **correndo*** [manner: very quickly]
> I came running

> ***Sbagliando*** *si impara* [means: by making errors]
> You learn by your mistakes [literally = by making errors you learn]

■ Sentences that include the **past participle** and are used to:

■ express **time** are introduced by *appena* (as soon as) or are not introduced by other elements:

> ***Appena arrivato*** *ha voluto visitare tutta la città*
> As soon as he arrived he wanted to visit the city

> ***Consegnato*** *il pacco, il fattorino uscì*
> Having delivered the parcel the messenger went out

APPENDICES

PRONUNCIATION AND SPELLING

THE ALPHABET • L'ALFABETO

The Italian alphabet has **21** letters plus **5 foreign letters** (*j, k, w, x, y*). The table below shows all the letters and their pronunciation in brackets according to the International Phonetic Alphabet:

A a	[a]	*N n*	['ɛnne]
B b	[bi]	*O o*	[ɔ]
C c	[tʃi]	*P p*	[pi]
D d	[di]	*Q q*	[kw]
E e	[e]	*R r*	['ɛrre]
F f	['ɛffe]	*S s*	['ɛsse]
G g	[dʒi]	*T t*	[ti]
H h	['akka]	*U u*	[u]
I i	[i]	*V v*	[vu/vi]
J j	[i 'lunga]	*W w*	['doppia vu]
K k	['kappa]	*X x*	[iks]
L l	['ɛlle]	*Y y*	['ipsilon]
M m	['ɛmme]	*Z z*	['dzɛta]

The sign [´] shows → the **accent**, that is the **stronger and longer intonation** on a vowel which falls on the following syllable. A **syllable** is **part of a word** formed of one or more letters which are pronounced as a unit; it is sometimes necessary to divide words into syllables when writing, for example when dividing a word to start a new line.

THE SOUNDS • I SUONI

In Italian the **pronunciation** of the vowels and the consonants reflects the **written word** reasonably faithfully; the few cases in which the written form and the sound differ are listed below. In order to help with the pronunciation the Italian examples are shown with English and French words containing similar sounds.

Vowels • Vocali

■ In Italian the vowels have a clear, well defined sound and are always pronounced. There are **5 vowels** (*a*, *e*, *i*, *o*, *u*), but when *e* and *o* are accentuated (tonic syllable), they can have either an **open** or a **closed** sound:

    a [a] = *ma*re (sea), *pane* (bread), *albero* (tree), *ca*sa (house) [*car*; *parler*]

    e [e] = *se*ra (evening), *ve*ro (true), *elefante* (elephant), *serpente* (snake) [*to send*; *éléphant*]

    e [ɛ] = *terra* (earth/soil), *guerra* (war), *recipiente* (recipient/container), *serpente* (snake), *caffè* (coffee) [*man*; *mère*]

    i [i] = *vino* (wine), *amico* (friend), *imbuto* (funnel), *bambini* (children) [*happy*; *illégal*]

    o [o] = *giorno* (day), *volo* (flight), *libro* (book), *gatto* (cat) [*port*; *apporter*]

    o [ɔ] = *corvo* (crow), *coscia* (thigh), *orsacchiotto* (teddy bear), *giocò* (played) [*hot*; *encore*]

    u [u] = *punta* (point), *uva* (grape), *unto* (greasy), *più* (more) [*moon*; *pour*]

■ The open or closed pronunciation of the vowels *e* and *o* also distinguishes words written in the same way, but with different meanings:

    botte ['botte] = barrel/*botte* ['bɔtte] = blows, punches

    fosse ['fosse] = were (verb *essere*)/*fosse* ['fɔsse] = ditches, dykes

    pesca ['peska] = fishing (verb *pescare*)/*pesca* ['pɛska] = peach

When **two vowels** meet, they usually maintain their **distinct sounds** (*ae, ai, ao, au; ea, ei, eo, eu; ia, ie, io, iu; oa, oe, oi, ua, ue, ui, uo*):

paese (country), *mai* (ever, never), *Paolo* (Paul), *paura* (fear)

leale (loyal), *sei* (six), *teologia* (theology), *Europa* (Europe)

mia (my/mine), *tiepido* (tepid/warm), *piolo* (rung of a ladder), *più* (more)

boa (Boa constrictor), *boe* (buoys), *poi* (then)

tua (your/yours), *sue* (their/theirs), *sui* (on the), *può* (can)

However, if preceded by *c, g* or *sc* the groups *ia, ie, io, iu* blend with the sound of the preceding consonant (→ Consonants):

caccia ['kattʃa] (hunt/hunting), *cielo* ['tʃɛlo] (sky), *cioccolato* [tʃokko'lato] (chocolate), *acciuga* [at'tʃuga] (anchovy)

giacca ['dʒakka] (jacket), *ciliegie* [tʃi'ljɛdʒe] (cherry), *giovane* ['dʒovane] (young), *giurare* [dʒu'rare] (to swear/to take an oath)

sciarpa ['ʃarpa] (scarf), *scienza* ['ʃɛntsa] (science), *sciopero* ['ʃopero] (strike), *asciutto* [a'ʃutto] (dry)

There can also be a meeting of **three vowels** and, rarely, more than three; in such cases the vowels maintain their own distinct sounds:

miei (my/mine)

aiuola (flower bed)

Consonants • Consonanti

b [b] = *b*omba (*b*omb)

c + *a/o/u* [k] = *c*asa, *c*osa, *c*ubo (*c*ar; *c*ause)

c + *e/i* [tʃ] = *c*ena, *c*ibo, *c*iao (*ch*ange)

ch + *e/i* [k] = ban*ch*e, *ch*iesa (*k*iss)

d [d] = *d*ado (*d*oll)

f [f] = *f*ilo (*f*ull)

g + *a/o/u* [g] = *g*atto, *g*oloso, *g*ufo (*g*oal)

g + *e/i* [dʒ] = *g*elo, *g*iallo (*j*et)

gh + e/i [g] = al*ghe*, a*ghi* (*give*)

gl + a/e/o/u [gl] = *gl*aciale, *gl*eba, *gl*obo, *gl*ucosio (*glad*)

gl + i [ʎ] = fi*gli* (similar to *fille* Fr.)

gn [ɲ] = *gn*omo (*ign*orant Fr.)

l [l] = *l*uce (*light*)

m [m] = *m*adre (*m*other)

n [n] = *n*aso (*n*ose; *n*ez)

p [p] = *p*osta (*p*ost/mail)

qu [kw] = *qu*esto (*qu*estion)

r [r] = *r*iso (*r*ice)

s [s] = *s*ale, ro*ss*o (*s*alt)

s [z] = ro*s*a (*dishes*)

sc + a/o/u [sk] = *sc*arpa, *sc*ollatura, *sc*use (*scarf*)

sc + e/i [ʃ] = *sc*endere, *sc*iarpa (*ship*)

sch + e/i [sk] = *sch*eda, *sch*izzo (*screen*; *skier*)

t [t] = *t*avolo (*t*able)

v [v] = *v*ento (*v*ery)

z [ts/dz] = ta*zz*a (*bits*)/*z*ero (*z*ero)

- In Italian the letter *h* is silent: it is used to determine the sound of the consonant that precedes it in the groups *ch-* and *gh-* or **to distinguish words** that have the same pronunciation but a different meaning; it is also found in **foreign loan words**:

    *ch*e ['ke] (what/that), *ch*ina ['kina] (ink)

    *gh*epardo [ge'pardo] (leopard), a*ghi* ['agi] (needles)

    *h*a [a] (verb *avere*: have/has)/*a* [a] (preposition: to)

    *h*otel [o'tɛl] (hotel)

- Italian consonants can be **double** (*bb*, *cc*, *dd*, *ff*, *gg*, *ll*, *mm*, *nn*, *pp*, *rr*, *ss*, *tt*, *vv*, *zz*) in which case the sound is longer and stronger:

    a*bb*assare (to lower), ri*cc*o (rich), a*dd*itare (to point at/to indicate), a*ff*ari (business), ma*gg*io (May), pa*ll*a (ball), ma*mm*a (mother), no*nn*o (grandfather), do*pp*io (double), ca*rr*o (wagon), pa*ss*o (step), ma*tt*one (brick), a*vv*iso (warning), pi*zz*a (pizza)

The **q** is doubled only in the word *soqquadro* (confusion, muddle); the sound of this letter is usually reinforced using the group **cq**:

acqua water

The letter **b** is never doubled when it is followed by **-ile** nor are **g** and **z** when followed by **-ione**:

insuperabile (unbeatable)

regione (region)

stazione (station)

Note! Words with a single consonant and a double consonant have different meanings:

casa = house	*cassa* = trunk
nono = ninth: 9th	*nonno* = grandfather

THE ACCENT • L'ACCENTO

The accent on a word may be **grave** (`) or **acuto** (´): in the first case it gives the vowel an **open** sound, in the second case it gives a **closed** sound. In Italian the accent **is only written** when it falls on the **last vowel** and when it is needed **to differentiate between two words** which would otherwise be the same:

città (city/town), *perché* (because), *virtù* (virtue)

è (verb *essere*)/*e* (conjunction: and)

là (in quel luogo)/*la* (article: the)

The **accento grave** goes on the final vowels **a, e, i, o, u**; the **accento acuto** only goes on the letter **e**:

carità (charity), *caffè* (coffee), *finì* (finished), *portò* (took), *più* (more)

perché (because), *poiché* (since/given that)

Note! There is no accent on:

blu (blue), *qui* (here), *qua* (here), *su* (up)

egli fa (verb *fare*, *modo indicativo*: he does); *egli fu* (verb *essere*, *modo indicativo*: he was); *io sto*, *egli sta* (verb *stare*, *modo indicativo*: I am, he is)

THE APOSTROPHE • L'APOSTROFO

■ The **apostrophe** (') indicates that **a vowel has been omitted** at the end of a word before another word that begins with a vowel: it is **compulsory** with the articles *lo*, *la* (and the prepositions that derive from them); with the feminine singular article *una*; with the adjectives *quello/-a*, *bello/-a*, *santo/-a* and with *ci* before all forms of the verb *essere* that begin with a vowel, for example in the expressions *c'è*, *c'era*, *c'erano*, etc.:

lo albero → *l'albero*

alla amica → *all'amica*

una amica → *un'amica*

quello ospite → *quell'ospite*

bello amico → *bell'amico*

santo uomo → *sant'uomo*

ci eravamo → *c'eravamo*

Note! The personal pronouns *le* and *li* never lose the final vowel to avoid confusion:

Le [a lei] *annuncio che sto arrivando*
I wish to inform you that I am arriving/I am on my way

Li [loro] *invito a cena*
I invite them to dinner

PUNCTUATION • LA PUNTEGGIATURA

■ **Punctuation marks** are the signs used in writing to clarify the structure and meaning of sentences (pauses, intonation, etc.). The principal punctuation marks are:

■ The *punto* (full stop), which marks the end of an affirmative or negative sentence:

Sono appena tornato. Non ho trovato quello che cercavo.
I have just come back. I didn't find what I was looking for.

Note! The first word of every new sentence begins with a capital letter (***lettera maiuscola***):

Il sole brillava. Il ragazzo era sdraiato sull'erba.
The sun shone. The boy was lying on the grass.

The ***virgola*** (comma), which divides a list of sentences, words or groups of words, or marks sentences or words within a sentence or in a group of words:

Vieni, ti iscrivi, segui la prima lezione e poi mi dici che cosa ne pensi.
Come and enrol, take the first lesson and then tell me what you think.

Il padre, la madre, Anna e Luca andranno alla festa di Gianni.
The father, the mother, Anna and Luca will go to Gianni's party.

Milano, che è una grande città, si trova in Lombardia.
Milan, which is a large city, is in Lombardy.

Gianni, il fratello di Carlo, è un ragazzo simpatico.
Gianni, Carlo's brother, is a likeable boy.

The ***punto e virgola*** (semi colon), which marks the end of a complete clause followed by a related clause, when a full stop is not necessary:

Tutti i giorni la sveglia suona alle sette; allora mi sveglio e vado al lavoro.
Every day the alarm clock rings at seven o'clock; so I wake up and go to work.

The ***due punti*** (colon), which introduce a discourse, a list, or an explanation:

La ragazza disse: "Saluta Anna".
The girl said, "Say hello to Anna".

I regni della natura sono tre: animale, minerale e vegetale.
There are three natural kingdoms: animal, mineral and vegetable.

Entra l'insegnante: i ragazzi si alzano.
The teacher comes in: the children stand up.

Note! In English, discourse is introduced by a comma.

■ The **punto interrogativo** (question mark), which follows direct questions (→ 8.2 The interrogative form and the interrogative pronouns):

> *Dove sei nato?*
> Where were you born?

■ The **punto esclamativo** (exclamation mark), which follows exclamations (→ 8.2 The exclamative form):

> *Che bello!*
> How nice!

■ The **puntini di sospensione** (dots) indicate uncertainty, indecision, embarassment or caution:

> *Chissà... forse lo ritroveremo!*
> Who knows... perhaps we will find them.

> *Se tu sapessi... ma è meglio tacere.*
> If only you knew... but it is better not to say anything.

■ The **parentesi** (brackets), which isolate part of the sentence:

> *Lo zio (si chiama Giovanni) festeggia il suo compleanno il 24 giugno.*
> The uncle (whose name is Giovanni) celebrates his birthday on June 24th.

■ The **lineette** (hyphens), which are sometimes used instead of brackets:

> *La festa – l'ho saputo ieri – inizierà alle 8:00.*
> The party – I learned yesterday – will start at 8 o'clock.

■ The **trattino** (dash), which indicates that a word has been divided at the end of a line, or unites two words:

> *Questo treno viaggia sulla linea Torino-Milano.*
> This train travels on the Turin-Milan route.

■ The *virgolette* (inverted commas), which enclose a quote, titles of films, newspapers etc., or highlight a word with a specific meaning or in a foreign language:

Disse: "Vieni qui!"/«Vieni qui!».
He said: "Come here!"/"Come here".

Ho letto il "Corriere della sera"/«Corriere della sera».
I read the "Corriere della sera"/"Corriere della sera".

Lo sciopero "a singhiozzo"/«a singhiozzo» [or: 'a singhiozzo'] dei mezzi di trasporto ha creato disagi.
The 'wildcat' strike in the transport sector has created problems

Il numero compare sul "display"/«display» [or: 'display'] luminoso.
The number appears on the luminous display

INDEX

Titoli di collana

Manuale facile di Italiano

Easy Italian for English speakers
(Italiano facile per stranieri di lingua inglese)

Italiano fácil y útil para hispanohablantes
(Italiano facile per stranieri di lingua spagnola)

ИТАЛИАНСКИ ЕЗИК БЪРЗО И ЛЕСНО ЗА БЪЛГАРИ
(Italiano facile per Bulgari)

ИТАЛЬЯНСКИЙ БЫСТРО И ЛЕГКО ДЛЯ РУССКИХ
(Italiano facile per Russi)

Italiana uşoară pentru Români
(Italiano facile per Romeni)

Osnove italijanščine za Slovence
(Italiano facile per Sloveni)

Madaling Italiano para sa mga Pilipino
(Italiano facile per Filippini)

Osnove talijanskog jezika za Hrvate
(Italiano facile per Croati)

Italiano facile per Arabi

Italiano facile per Cinesi

Grammatica italiana facile

Grammaire italienne facile
(Grammatica italiana facile per stranieri di lingua francese)

Gramática italiana fácil
(Grammatica italiana facile per stranieri di lingua spagnola)

Easy Italian Grammar
(Grammatica italiana facile per stranieri di lingua inglese)

Grammatica italiana facile per Cinesi

Grammatica italiana facile per Arabi

E inoltre: *I Speak English*

Finito di stampare nel gennaio 2008
da Nuove Grafiche Artabano
Gravellona Toce (Vb)